I0615079

Heinrich Zeissberg

Das älteste Matrikel-Buch der Universität Krakau

Heinrich Zeissberg

Das älteste Matrikel-Buch der Universität Krakau

ISBN/EAN: 9783741158117

Hergestellt in Europa, USA, Kanada, Australien, Japan

Cover: Foto ©ninafisch / pixelio.de

Manufactured and distributed by brebook publishing software
(www.brebook.com)

Heinrich Zeissberg

Das älteste Matrikel-Buch der Universität Krakau

DAS

ÄLTESTE MATRIKEL-BUCH

DER

UNIVERSITÄT KRAKAU.

BESCHREIBUNG UND AUSZÜGE

MITGETHEILT DURCH

Dr. HEINRICH ZEISSBERG,

O. O. PROFESSOR AN DER UNIVERSITÄT INNSBRUCK.

FESTSCHRIFT

ZUR

400JÄHRIGEN JUBELFEIER DER LUDWIGS-MAXIMILIANS-UNIVERSITÄT
ZU MÜNCHEN.

INNSBRUCK.

VERLAG DER WAGNER'SCHEN UNIVERSITÄTS-BUCHHANDLUNG.

1872.

Motto:

„Sitque ibi scientiarum praevalentium margarita, ut viros producat consilii maturitate conspicuos, virtutum ornatibus redimitos, ac diversarum facultatum eruditos. Fiatque ibi fons doctrinarum irriguus, de cuius plenitudine hauriant universi literalibus cupientes imbui documentis."

Kasimir d. Gr. in der Stiftungsurkunde der Universität Krakau, Pfingsten 1364.

Vorwort.

Zu dem Jubelfeste, welches in diesem Jahre eine der glorreichsten Hochschulen des Deutschen Vaterlandes begeht, erlaube auch ich mir eine Gabe der Huldigung darzubringen. Ist es auch eine bescheidene Frucht, die ich dazu aus dem Kreise meiner Studien ausersehen habe, und deren Wal durch meine frühere Lebensstellung bestimmt gewesen, so fehlt doch nicht völlig das geistige Band, welches den Inhalt dieser Schrift mit deren Zweck verknüpft. Ist es doch eine ältere Schwester, die zwar minder glücklich als jene seit langer Zeit den Culturbewegungen des Westens, welchen sie ihren Ursprung verdankt, entfremdet worden ist, der es aber dereinst nicht an den geistigen Beziehungen zu der Jubilantin von heute fehlte, aus deren Leben die folgenden Blätter gegriffen sind.

Die Universität Krakau, die ich meine, Kasimirs des Grossen grösste Schöpfung (1364), welche die hochgesinnte Königin Hedwig sterbend mit ihrem Geschmeide bedachte, besitzt von dem Jahre ihrer Erneuerung durch Wladyslaw Jagiello (1400) an unversehrt

II

ihre Matrikelbücher, von denen das älteste bis zum
Jahre 1508 reichende den Gegenstand dieser Schrift
bildet, ein ehrwürdiges Denkmal, das neben den bereits
durch den Druck bekannten Statuten und dem ebenfalls
bereits veröffentlichten Promotionsbuche der philosophi-
schen Facultät ein farbenreiches Bild der Schicksale
jener Hochschule vor unseren Blicken entrollt.

Es sind zum Teile hochberühmte Namen, denen
wir hier begegnen. Was zunächst Polen selbst betrifft,
so wird sich von denen, die um jene Zeit entscheidend
in dessen Geschicke eingegriffen haben, wol kaum ein
Name finden, der nicht in unserer Aufzeichnung be-
gegnete. Oft deutet ein später hinzugefügter Fingerzeig, ein beigesetzter Bischofstab oder eine nachträgliche
Bemerkung zu dem Namen an, dass dessen Träger
seither zu hohen Würden im Staate und in der Kirche
emporgestiegen sei. Doch ist es nicht so sehr dies,
was dem Buche auch die Teilname weiterer Kreise
sichert, als vielmer der Umstand, dass in den Scholaren
auch ferne Lande, zumal die deutschen Stämme ins-
gesammt vertreten sind. In ihrer mit jedem Jahre
wachsenden Zal spricht sich vor allem die steigende
Blüte der Hochschule aus, die um die Neige des Jahrhunderts den Höhepunkt erreicht haben dürfte, als die
Pflege der Mathematik und der Astronomie aus nah
und fern Schüler in der alten Hauptstadt Polens ver-
sammelte und daselbst Copernicus die Anregung zu
seiner unsterblichen Entdeckung empfing. Das ist die

III

Zeit, zu der wir Conrad Celtis, Thomas Murner und
vor allem auch Aventin in den Hörsälen der Krakauer
Hochschule begegnen.

Es sind die Beschreibung der Handschrift und ein
Auszug dessen, was von ihrem Inhalt vor allem wissens-
wert erschien, die beiden Ziele, welche meine Arbeit
im Auge hat. Wol mag im einzelnen manches, was
nebenher der Beachtung wert gewesen wäre, übersehen
worden sein; eine Nachlese wird künftigen Forschern
schon darum vorbehalten bleiben, da ich mich durch
Grundsätze, von denen unten die Rede sein wird, ver-
anlasst fand, manches auszuscheiden, was sonst vielleicht der Aufname wert gewesen wäre. Allein ich
würde den Zweck dieser Schrift für erreicht betrachten,
wenn es ihr gelingen sollte, die Aufmerksamkeit weiterer
Kreise auf den Gegenstand zu lenken und dadurch zu
fortgesetztem Forschen über ihn anzuregen.

Im übrigen möge es jedem von denen, die das
Jubelfest zusammenfindet, gleichsam ein Gruss aus
seiner eigenen Heimat sein, wenn er Namen aus derselben in dem Verzeichniss der Krakauer Scholaren
des 15. Jahrhunderts widerfindet. Auch das Stamm-
land Baiern wird man in demselben vielfach vertreten
finden.

Und darf auch ich dies Vorwort mit einem Glück-
wunsch an die Jubilantin schliessen, so wüsste ich den-
selben nicht in treffenderer Weise auszudrücken, als in
der Aneignung jenes königlichen Wortes, das ich als

IV

Motto für meine Schrift ersah. Was jener Fürst seiner
Stiftung als Segenswunsch mit auf den Weg gegeben
hat, begleite auch fürder den Pfad ihrer ruhmgekrönten
jüngeren Schwester, auf dass diese an glanzvollen Er-
innerungen so reiche alma mater bis in die fernste
Zukunft gedeihe, „eine Perle der mächtigen Wissen-
schaften", ein nie versiegender „Quell der Gelehrsamkeit",
eine gütige Mutter, die ihre liebenden Söhne wie bisher „mit dem Schmuck der Tugend" und „mit mannig-
fachen Fähigkeiten" ausgerüstet in die Welt entsendet.

Innsbruck, 15. Juni 1872.

H. Zeissberg.

Beschreibung der Handschrift.

Das älteste Matrikelbuch der Universität Krakau, gegenwärtig unter den Hss. der mit derselben verbundenen Bibliothek als Ms. Fol. N. 258 aufgestellt, besteht aus 259 Pergamentblättern (518 pgg.) [1]) in Fol., welche in mit braunem, gepresstem Leder überzogene und mit Beschlägen und Schliessen aus Metall versehene Holzdeckel gebunden sind. Vermutblich stammt der Einband aus dem 16. Jh., da auf das Papier, mit welchem die Innenseite des obern Deckels überklebt ist, eine Hand des 16. Jh. die Aufschrift: Metricae studiosorum prima pars gesetzt hat, und auch die Innenseite des unteren Deckels Federproben aus derselben Zeit zeigt. Andererseits schliesst der Umstand, dass namentlich innerhalb der 20 ersten Lagen zugleich mit den Rändern die oberen und unteren Schäfte von Buchstaben und Zalen beschnitten wurden, die Annahme aus, dass der Einband vor der Zeit, in der die Blätter zu Aufzeichnungen verwendet wurden, entstanden sei. Von den 37 Lagen von ungleicher Stärke sind die ersten 22 zu Ende jedes letzten Blattes rechts mit der laufenden

---

1) In der gegenwärtigen Paginirung der Hs. ist durch ein Versehen von S. 409/10 zu 451 übergegangen, sonach die vorletzte S. mit der Zal 527 statt 517 bezeichnet.

Krakau, Matrikel-Buch.

Zal versehen. Da diese Bezeichnung noch im 15. Jh.
geschah, dagegen für die folgenden Lagen unterblieb,
so liegt hierin vielleicht die Berechtigung zu der Vermutung, dass das Buch damals noch nicht den gegenwärtigen Umfang gehabt haben wird. Ursprünglich
wird das Buch überhaupt nur die 11 ersten Lagen
umfasst haben, da das Blatt, mit dem die 11. Lage
schliesst, auf der Vorderseite (pg. 189) gleich dem
grössten Teile der Rückseite (pg. 188) des unmittelbar
vorangehenden Blattes leer geblieben, auf der Rückseite (pg. 190) dagegen mit anderweitigen Notizen be-
deckt ist, und wie an den gebräunten Rändern ersichtlich
wird, wol einst als Umschlag diente. Dass dagegen
auf S. 180 die Hand, von welcher die frühesten Aufzeichnungen (pg. 5 ff) der Hs. herrühren, ein Verzeichniss der Doctoren und Magister eintrug, deutet an,
dass diese 8. Lage der Hs. schon bei deren erster An-
legung vorhanden war.

Dem mit pg. 4 beginnenden Matrikelbuche gehen
auf den ursprünglich leer gelassenen ersten Seiten verschiedene nachträgliche Aufzeichnungen aus dem 15. Jh.
voran. Pg. 1 eröffnet die Eidesformel, welche der in das
Album einzutragende beschwören musste (vgl. pg. 224.)
Sie lautet: „Ego N. iuro vobis domino rectori et ve-
stris successoribus canonice intrantibus obedienciam in
omnibus licitis et honestis et quod bonum universitatis
studii Cracoviensis promovebo pro posse meo ad quem-
cumque statum devenero et quod propriam iniuriam
per me non vindicabo vindicta reali utpota vulneracione,
mutilacione, aut armorum strepitu, sed super hoc of-
ficium rectoris implorabo. Item quod oppinionem Hus
heretici dampnati non servabo. Sic me deus adjuvet

3

et hec sancta dei evangelia.“ Am Rande hat eine
Hand des 16. Jh. zu „dampnati“ die Worte: „similiter
Luteri et sequacium eius“ hinzugefügt. Es folgt nun
auf derselben Seite die Eidesformel zum zweiten und
pg. 3 unten zum dritten Male. Das zweite und dritte
Mal stehen indess nach der Formel noch die Worte:
„In illo tempore loquente Jesu ad turbas extollens vo-
cem quedam mulier de turba dixit illi: Beatus venter
qui te portavit et ubera que suxisti. At ille dixit: quin-
ymo beati qui audiunt verbum dei et custodiunt illud.“
Zu Ende der 1. Seite wird durch den Satz: „verte fo-
lium, invenies iuramentum“, der etwa im 16. Jh. geschrieben ist, auf die dritte gleichlautende Eidesformel
(pg. 3) hingewiesen, an deren Rand, sowie an den der
ersten die Worte: „similiter ... eius“ nachgetragen sind.
Die 2. Seite und die obere Hälfte der 3. füllen folgende Notizen aus:

Pg. 2: Nota modum in ordine petendi pro benefactoribus
universitatis primo pro spiritualibus viventibus 2⁰ pro defunctis. — Primo pro unione sancte matris ecclesie. —
Item pro domino nostro archiepiscopo Gneznensi. — Item
pro domino nostro episcopo Cracoviensi cancellario huius
alme universitatis. — Item pro domino Schaffranicz ....¹)
benefactore, qui erexit unum collegiatum. — Item pro
domino Noskone qui ..... errexit unum collegiatum ²). —
Item pro domino archidiacono Cracoviensi speciali benefactore universitatis. — Item pro quadam Elizabeth benefactore huius universitatis ²). — Item pro domino Nicolao
vicecancellario promotore universitatis ¹). — Item pro domino Ottone scho (!) scolastico Cracoviensi ....³) castro amico
universitatis et benefactore collegii (?) ²) — Item pro om-

---

1).... bedeuten unleserliche Stellen. 2) Durchgestrichen. 3) Loch
im Pergament, vermuthlich: in.

1*

4

nibus m. (= mulieribus) laborantibus et viris eorum hoc con-
summentibus ut deus eorum laborem respiciat et in futuro
eos premiat. — Item pro domina Katerina contorali domini Maziconis que pro augmento universitatis collegiatam
erraxit. — Item pro domino nostro rege fundatore et con-
servatore universitatis ac domina regina ut deus eorum
vitam prolonget pro nostra et eorum salute. — Item pro
domino Zachlika cancellario regni Polonie et domino Miz-
choni (?) Borangi (?) et omnibus eorum clinodium concer-
nentibus quod de eorum bona voluntate nobis collegiatam
sancti Egidii incorporaverunt. — Item pro domino Belde-
h(er)b(er)g fautore et benefactore universitatis et Katherina et
Aguethe uxoribus eius. — Item pro Nicolao Holczeuer
et Anna uxore eius. — Item pro regina pie memorie huius
universitatis renovatrice et benefactrice. — Item pro domino Crac(oviensi) et eius conthorali [qui nunc collegiatam
erraxerunt. ¹)] — Item pro domino Stobuer [qui scilicet
unam collegiatam erraxit ¹)] de cuius testamento scilicet
erectus est unus collegiatus. — Item pro domina Ottonissa
benefactore huius universitatis. — Item pro domino Pad-
wycze. — Item pro domino Czethoyo benefactore universitatis. — Item pro m(ulieri) Ysueri Sczekna et Bartholomeo
de Jassil qui fideliter insistebant pro incremento universitatis. — [Item pro magistro Luca et magistro Nicolao
de Glo° (sic) et magistro Bartholomeo de Yessel, magistro
Wyandi (sic)] ²) — Item pro omnibus vivis et defunctis,
qui verbo aut facto universitatem promovent aut promove-
runt. — Item pro domino Noskone quondam plebano sancte
Anne, qui erexit unum collegiatum. — Item pro domino
Cristino quondam plebano a. Stephani benefactore universitatis. — Nicolaus de Bystra procurator dedit pro universitate libros suos. — Item pro domino Nicolao ³) Gleybicz
arcium baccalareo studii Cracoviensis adhuc tempore Kazi-
miri regis canonico Wratislaviensi, qui legavit cc marcas

---

1) Durchstrichen. 2) Später (noch saec. XV.) eingeschoben. 5) Ueber
derchstrichenem: Iohanne.

— — .

5

in grossis latis pro universitate Cracoviensi cum effecta
iam totaliter solutas. — Item pro domino Mathia abbate
sancte Marie Wratislaviensi in Areua.
Pg. 3: In rectoratu magistri Andree de Buk sacre
theologie baccalarei nec non custodis ecclesie sancti Floriani.
— Sophia illustrissima princeps regina Polonie etc. petiit
pro participacione oracionum et aliorum bonorum que fiunt
in universitate et optinendo inscribi se procuravit. Igitur
pro ea unus quisque in universitate uxorel tamquam pro
benefactrice singularissima. — Item magnifica domina Constancia felicis recordacionis Jacobi palatini Syradiensis olim
consors iam relicta hoc ipsum peciit quod domina regina
Zophia optinuit et quia exhibuit se ad promovendum universitatem aput regem, reginam et filios postquam adole-
verint, quapropter et oretur pro eadem. — Anno domini
domini 1434⁰. prima mensis Junii sub rectoratu magistri
Stanislai de Vacze decretorum doctoris ac plebani in Dzer-
zansna serenissimus princeps et dominus dominus Wladie-
laus rex Polonie etc. originalis fundator dodator ot singu-
larissimus benefactor universitalis universitatis nostre Cracoviensis taliter ut deo placuit suum diem clausit extremum.
Ideo sine intermissione orandum est pro eo, quanta autem
beneficia fecerit universitati constat manifeste privilegia
fundationis et dotacionis intuenti. Ideo iterum ac iterum
oretur pro eo. — Sub anno demum 1434⁰. in die s. Jacobi apostoli que tunc cadebat in diem dominicam sereuis-
simus princeps dominus Wladislaus filius inuictissimi principis domini Wladislai regis Polonie cum magna sollemp-
nitate utriusque status prelatorum in regem Polonie in ecclesia Cracoviensi est coronatus sub rectoratu magistri Stanislai de Vacze decretorum doctoris ac plebani ecclesie in
Dzeczansna (sic) reveren. patre domino Alberto archiepiscopo Gneznensi tunc buiusmodi sollempnia coronacionis
celebrante. Dominus deus orandus est, ut eidem domino
nostro regi Wladislao concedat spiritum sapiencie et in-
tellectus ad regendum populum dei pro incremento fidei
catholice Amen, Amen.

Auf pg. 4 beginnt die ursprüngliche Aufzeichnung mit den Worten:

Sub anno domini 1400: collegium alme universitatis studii Cracoviensis est institutum per serenissimum invictissimumque principem Wladislaum dei gratia regem Polonie etc. ipso die sancto Marie Magdalene et lectio prima lecta est feria secunda post festum sancti Jacobi apostoli in decretalibus per reverendum in Christo patrem ac dominum Petrum[1] divina miseracione episcopum Cracoviensem cancellarium eiusdem studii generalis.

Darnach folgt wiederum eine spätere Eintragung (16. Jh.):

Anno domini 1453 in rectoratu venerabilis magistri Nicolai de Kalisch decretorum doctoris etc. Illustris princeps et domina Katherina relicta olim illustris domini Michaelis filii Sigismundi olim ducis Lithwanie assumpta et ascripta est ad participacionem oracionum et meritorum universitatis tanquam specialis et singularis benefactrix. Oretur pro ea.

Und endlich in Schriftzügen des, wie es scheint, 17. Jh. der Reim:

Uti Annus aestinalis, Ita Prisca hyemalis,
Est dimidium officii cuiusque rectoralis.

Der Rest der Seite blieb leer.

Mit Seite 5 beginnt die Intitulation der Namen jener Personen, die sich als Woltäter der Universität hervorgetan hatten. Dieselbe ist in zwei Rubriken geteilt, so dass links die Namen der Männer, rechts die der Frauen zu stehen kommen. Zur Veranschaulichung lasse ich den Inhalt der Seite nach der Hs. folgen.

Pg. 5 Spalte a. Hic sunt intytulati. — Anno domini Mᵒ CCCC die XXIV. mensis Julii sub venerabili viro

---

1) Am Rande sec. XVI: Wysz.

magistro Stanislao decretorum doctore rectore universitatis
primario studii Cracoviensis hii sunt intytulati. — Et
primo serenissimus princeps et dominus dominus Wladislaus
dei gratia rex Polonie foundator hoius venerabilis universitatis et dotator piissimus [1]). — Item reverendissimus in
Xpo pater et dominus, dominus Petrus dei gratia episcopus Cracouiensis utriusque juris doctor cancellarius generalis studii Cracoulensis. — Item wenerabilis in Christo
pater et dominus, dominus Nicolaus divina providentia episcopus Wlad(islaviensis) magister in artibus. — Item magi-
ficus vir dominus Johannes de Thauczyn castellanus Cracoviensis executor testamenti ultime voluntatis recolende memorie domine Hedwigis regine Polonie, Ungarie, Dalmacie,
Cr(o)acie regnorum illustrisque originaliter domum pro universitate Cracoviensi fecit et disposuit comparari, magnus
zelator boni communis et benefactor universitatis. — Item
strenuus miles dominus Clemens vincancellarius regni Polonie, promotor universitatis nostre [2]).

Pg. 5 Spalte b. Item Barbara Clozwalyone civis Cracoviensis soluit to(tu)m sub rectoratu (über einer Rasur,
von der nur noch das Wort „magistri" und ein Eigen-
name zu sehen ist). — Item strenua domina Katherina heres
de Dambrowa coutharalis strenui militis domini Johannis
Manszik de Dambrowa. — Item Johanna relicta Gnevosy
de Wnorow *. — Item Allexandra ducissa Semoviti de
Mazovia *. — Elizabeth relicta olim Stephani heredis de
Dorzichca, alias camerarii terre Syradiensia. — Item Elizabeth relicta domini Spitkonis palatini. — Anno domini
1445 die VI. mensis Augusti sub rectoratu magistri Bartholomei de Radom professoris theologie hec VII persone

1) Daneben später aber noch in demselben Jh. eingetragen: Item
serenissimus princeps Allexander filius Symoviti Illustris principis et
domini, domini Masovie intitolatus in rectoratu magistri Nicolai
Scultati etc. 2) Bis hieher ist alles von der ersten Hand eingetragen. Von derselben Hand sind rechts die mit * bezeichneten
Personen eingetragen.

infra scripte de nobili prosapia gente Lythwanice progenite ad instantem postulationem nobilis domine Helene conthoralis domini Kensgal sunt intitulate cupientes fieri participes orationum communium universitatis nostre vivorum atque defunctorum: primus dominus Michael alias Kenazgal castellanus Wilnensis et capitaneus Samagitensis. — Item domina Helena conthoralis domini prescripti. — Item dominus Johannes alias Gastoldus voyevoda Wilnensis cum sua domina nomine Dorothea. — Insuper Stanislaus alias Volymonth. — Dominus Andreas alias Gastoldus. — Dominus Volodislaus, alias Dutrin, quarum personarum prime quatuor inter vivos et relique tres inter mortuos computantur. — Hedwigis nobilis Nicolai de Birawa filia advocati de Ugyasd.

Die 6. Seite war ursprünglich leer geblieben, erst im 17. Jh. wurde sie durch eine Notiz über die Königin Hedwig ausgefüllt, welche ich als wertlos übergehe.

Auf Seite 7 Spalte 1 steht von der ersten Hand, derselben, die den ältesten Teil der 5. Seite schrieb:

Hic sunt prelati et canonici: Nicolaus prepositus sancti Floriani dt. (= dedit) 1 fertonem. — Petrus Sirrlicz canonicus Cracoviensis. — Otto scolasticus Cracoviensis. — Johannes Schafranecz canonicus Cracoviensis. — Johannes de Padwa canonicus Premisliensis et Sandomiriensis. — Jacobus Alberti canonicus ecclesie Tarnoviensis. — Petrus cantor Gneznensis et canonicus Cracoviensis ecclesiarum dt. 8 gr. — Nicolaus de Gorka cancellarius Poznaniensis baccalareus in artibus dt. 6 gr. — Henricus Nanogij de Repti magna Rudno canon. Cracov. — Sagwineus Johannis de Przezwody custos Wisliciensis dt. totum. — Nicolaus Michaelis de Stoyanicze canonicus Sandomiriensis; ambo dederunt 6 gr. — Douyn de Vialka canonicus et Sandomiriensis et Wladislaviensis et rector parrochialis ecclesie iu Klodawa dt. 6 gr.

Darunter liest man noch zum Teile die ausgelöschte spätere Eintragung:

9

Honorabilis .... dominus Cruczwiensis canonicus. — Warsz Bartholomei do Cosznschewo (vgl. S. 31) sub rectoratu magistri Lace dedit 6 gr. sub anno domini 1411.

Ebenfalls, wie schon der Inhalt lehrt, spätere doch relativ gleichzeitige Eintragungen zum Teile interessanten Inhaltes füllen die zweite Spalte aus:

Anno domini 1413 sub rectoratu magistri Nicolai de Kazimiria canonici Cracoviensis intitulatus est venerabilis vir dominus Sbingneus de Slazow. — Item eodem tempore intitulatus dominus Stanislaus alias Morosko Petri de Brzwchana custos thesauri domini regis Wladislai. — Item dominus Belcius cantor ecclesie Cracoviensis. — Item a. d. 1451 intitulate Katharina filia Glazar civis et consulis Cracoviensis alias Paulvetrowa — Item Katharina Dabycz Damiczka et Dorothea famule seu ancille primo fate domine. — A. d. 1464 intitulate sunt Katharina Homan filia de Cracovia. [1]) Item Ursula Homanowa similiter de Cracovia. — Item Margaretha filia nobilis Sigismundi heredis de Polczywnycza wylla Slezie de anno eodem domini 1464. — A. d. 1466 Benikowa [2]) benefactrix universitatis cum quatuor virginibus filiabus suis de Cracovia. [3]) — A. d. 1470. Benigna, Rosa, Lucretia, virgines, filie tunc rectoris intitulate sunt.

Pg. 8 vacat. — Pg. 9: Eintragung der oben Seite 5 und 7 erwähnten ersten Hand:

Hii sunt rectores ecclesiarum:

Albertus rector ecclesie de Scavina honoravit rectorem vase cervisie octualis. — Blasius Stephani de Yankowycze rector ecclesie in Sandecz dt. 1 fertonem. — Stanislaus Marci de Crosna canonicus Cracoviensis. — Cristinus Nicolai de Wodinky rector ecclesie sancti Stephani Cracoviensis.

---

1) Am Rande von anderer Hand: uxor tunc rectoris. 2) Am Rande von anderer Hand: avia episcopi Olomuncensis Stanislai Turzy. 3) Späterer Zusatz: Ursula, Margaretha, Katharina et Marta.

Stephanus Thome do Pyzdri rector ecclesie sancte Anne. —
Stanislaus Barkonis de Clobosko rector ecclesie in Xang-
nicze. — Clemens rector ecclesie a. Nicolay in suburbio
civitatis Cracoviensis dl. 8 gr. — Nicolaus Benedicti de
Slezyno notarius universitatis. — Johannes dictus Linv-
told rector ecclesie de Thagosszycze dl. 8 gr. — Stanislaus Johannis de Gorky. — Nicolaus Andree de Biatra. —
Paulus de Jasszey rector ecclesie Oppothoviensis. — Petrus
de Teczyn sancte Marie qui multa laboravit pro universitate. — Petrus rector ecclesie de Kazimiria ad sanctam
Jacobum. — Pancracius rector ecclesie do Deszcza. — Andreas Praudotho rector ecclesie in Szedliska dl. 4 gr. —
Stanislaus Czethonia de Pozuania. — Nowko prebendarius
sancte Marie Egyptiace et sancti Adalberti in Cracovia. —
Martinus rector ecclesie in Komino promisit. — Johannes
Parcosy rector ecclesie de Mlinogo dl. 1 fertonem. — Jacobus Stanislai de Cracovia vicarius ad sanctam Mariam
dl. 9 gr. — Nicolaus Psitacus de Czartky vicarius Cracoviensia. — Paulus Nicolai precentor ecclesie Kathedralis
Cracoviensis. — Johannes Sthephani de Medzenicza canonicus Premisliensis dl. 12 gr. — Petrus Henrici de Bython
rector porrochialis ecclosie in Canten dl. 8 gr. — Stanislaus dictus Volda vicarius et altarista in ecclesia Cracoviensi dl. 4 gr. — Jacobus Andree de Sandecz pabr. dt.
6 gr. — Stanislaus Johannis de Clam rector porrochialis
ecclesie in Swancze dl. 6 gr. — [Andreas rector ecclesie
in Paluky heres ibidem.] [1]) — [Clemens Stanislai de Vi-
dawa dl.] [1])

Pg. 10 vacat. — Pg. 11 beginnen mit der Aufschrift: Scolares universitatis studii Cracoviensis die
jährlichen Namens-Verzeichnisse der neuimmatriculirten
oder wie damals gesagt wurde, intitulirten Studenten.
Die Verzeichnisse aus den Jahren 1400 bis Mitte 1404

1) Späterer Zusatz.

(pg. 20) sind noch von derselben Hand geschrieben, welche als die erste Hand auf den Seiten 6, 7 und 9 begegnet, und welche auch noch auf Seite 130 und 131 folgende Reihe der Doctoren und Magister eingetragen hat, die sodann von anderen Händen fortgesetzt wurde:

Hii sunt doctores et mugistri.

M(agister) Johannes Yauere a. theologie professor. — M. Mauricius de s. Marco sacre theol. prof. — Nicolaus de Gorczkow offic. Crac. decret. doctor. — M. Johannes dictus Sczekna ordinis fratrum predicatorum. — M. Dartholomeus de Jassel a. theoloye bacc. — M. Nicolaus Pizer s. theoloye professor. — M. Thomas Audree de Amelia in medicinis magister. — M. Fridriens Slvener (?). — M. Stephanos Hopper. — M. Andreas de Marienburg. — M. Franciscus Creysewicz de Brega. — M. Johannes Hildebrandi de Cruczeburg. — M. Jacobus de Becz. — M. Authonius Tempelfelt. — M. Albertus Alberti de Mlodzaw. — M. Stephanus Mladotha licentiatus in jure canonico. — M. Stanislaus de Zarnowicz. — M. Pelka de Borzicowa. — M. Nicolaus de Arnswang. — M. Johannes Falcowsky. — M. Gregorius Benedicti de Cracovia. — M. Nicolaus de Kozlow. — M. Andreas de Kocorzyno. — M. Henricus Alman baccal. in medicinis. — M. Andreas Pyrnycer bacc. in medicinis. — M. Erasmus Helye de Nysa. — M. Wylhelmus Krzynger de Gondelfyngen. — M. Mathias de Cola. — M. Nicolaus Scultoti Comaiswaldi de Brega. — M. Elyas Martini de Wywelnicia. — M. Strzesco do Ulanowo. — M. Andreas de Drervn! (sic). — M. Henricus de Cloboczeko.

(Bisher sind alle Namen von der ersten Hand eingetragen, die folgenden von verschiedenen Händen.)

Frater Nicolaus Lyboldy magister arcium ordinis predicatorum. — M. Theodricus Carin de Gdzansk (!). — M. Johannes Listingze (?) de Norembergia (!). — M. Octo

(sic) de Lapide scolasticus ecclesie sancti Germani extra
muros. — M. Jacobus de Zaborow decret. doctor. — M.
Johannes de Sakis de Papia. — M. Mathias de Legnitz
magister sacre theologie. — M. Allexius de Pecari. —
M. Augustinus Reymkonis de Münsterberg. — M. Paulns
de Wortzin. — M. Olauus de Upsalia. — M. Johannes
Sneschewicz de Wratislavia. -- M. Vincentius Viaro de
Sweyndenicz doctor medicine — M. Johannes Kro de
Kothebna doctor in medicinia
        Pg. 131. M. Monaldus. — M. Eberhardus Hittell. —
M. Stepbauus Patrcz de Bohemia sacre theologie professor.
— M. Stanislaus de Uscze. — M. Jacobus de Bandecz
sacre theologie professor. -— M. et frater Hermannus
sacre theologie professor. — Wladislaus de Opporow
decretornm doctor scolasticns [1] Wladislaviensis
et canonicus Gnesnensis ecclesiarum [2] — Thomas de Chroberz decretorum doctor. — M. Jaroslaus de Slus-
zow [1] canonicus Cracoviensia. — Albertus de Jasl-
rzabecz [1] decretorum doctor decanus Cracovionsis et prepositus Poznaniensis. — M. Nicolaus de Oskowicze doctor
medicine. — M. Nicolaus de Blonye decretorum doctor. —
M. Paulos de Worczyn professor sacre theologie [3]. — M.
Andreas professor sacre theologie magister sacri pallacii. —
Dominus Deralans de Borzynow decretorum doctor. — M.
Thomas de Strzampino decretornm [1] doctor [4] —
M. Benedictus Hesse de Cracovia professor sacre theologie. — M. Jacobus de Paradiso professor sacre theologie. — M. Laurencius de Rathibor sacre theologie professor. — M. Johannes de Dobra doctor medicine. — Dominus Michael de Schidlow doctor in decretis. — Richardus Mälich medicine doctor de Eystania [anno domini 1480
currente inscriptus die 3. Augusti. [5])] — M. Stanislaus de

---

1) Die Stelle unterstrichen. 2) Fingerzeig links. 3) Vgl. oben,
wo derselbe Name von anderer Hand eingetragen erscheint. 4) Ueber
„doctor" in arabischen Ziffern: 1481. 5) Andere Hand.

Uscze decretorum soluit fis[cum] [1]). — Dominus Petrus
de Croazno decretorum doctor. — M. Johannes de Radochoncze professor sacre theologie. — M. Johannes de
Jastrzambyc professor sacre theologie canonicus Plocensis
soluit totum. — M. Swenthoslaus de Voyczaschi(n) [1]) decretorum doctor custod. (sic) Varschoviensis. — M. Paulus
de Zator decretorum doctor. — M. Andreas de Bnk professor theologie. — M. Michael de Omnibus Sanctis decretorum doctor. — M. Nicolaus Kalis decretorum doctor. —
Valentinus de Ungaria licentiatus decret. — M. Jacobus
Parcossy de Szorawice decretorum doctor soluit fiscum tres
floren. tor. — Dominus Gregorius de Mielomice decretorum
doctor d. [1]). — M. Martinus de Olaczow decretorum doctor
Moravus. — M. Johannes Puska de Cracovia decretorum
doctor. — M. Stanislaus de Lyschino scolasticus Sandomiriensis decretorum doctor soluit totum. — M. Johannes
de Dombrowka doctor in decretis. — M. Michael de Crosno
doctor in decretis. — M. Thomas de Strzampino professor
sacre theologie [2]). — M. Johannes de Kanthi professor theologie [3]). — M. Bartholomeus de Radom
profess. theologie. — M. Albertus de Lyssecz decretorum
doctor. — M. Paulus de Pastkovicze professor theologie. —
M. Mathias de Raczansch decretorum doctor. — M. Nicolaus de Raschinczo decretorum doctor. — Dominus Andreas de Sadowo decretorum doctor MᵒCCCCXLIX soluit
fiscum tres florenos. Conventus ipsius celebratus est
ipso die a. Allexii die Jovis anno quo supra. — Magister
Caspar Rockenberg decretorum licenciatus scolasticus Cracoviensis. — Magister Paulus de Clobuczko licenciatus iu
sacra pagina canonicus sancti Floriani.

---

1) Der Schluss des Wortes mit dem Rande abgeschnitten. 2)
Ueber der Zeile in arabischen Ziffern: 1440. 3) Unterstrichen; links
Fingerzeig und in moderner Zeit ein mit Rotstift gezeichnetes N aus.
Letzteres und ein in die Hs. hier eingelegter Papierstreif haben den
Zweck, das Auffinden dieser den seligen Johann von Kanty betref-
fenden Stelle zu erleichtern.

Mitten im Jahre 1404 folgt der erwähnten ersten eine zweite Hand, welcher der Rest der Eintragungen des Jahres 1404 und das Verzeichnis des Jahres 1405 angehört. Dies liesse darauf schliessen, dass die ersten Jahre in das Album erst nachträglich als Reinschrift eingetragen wurden. Mit dem Jahre 1406 tritt in dieser Hinsicht ein Wechsel ein, der uns zugleich zur Frage darnach drängt, wer die Namen jeweilig in das Buch eingetragen hat. Es findet sich auch fernerhin nicht selten, dass eine Hand die Namen je eines Jahres oder je eines Semesters gleichsam in einem Zuge ein-gezeichnet hat. Ja es kömmt vor, dass diese Erschei-nung sich auch auf zwei aufeinander folgende Semester erstreckt, so insbesonders Seite 267—269, wo die Hand, welche die in die beiden Rectorate des M. Cle-mens von Górka (1472 a. b.) fallenden Namen einge-schrieben hat, bereits das Jahr 1472 u. als „erstes" Rectorat desselben bezeichnen konnte. Dasselbe gilt von 1478 a. und b. Seite 298, 299. Auch die Jahre 1479 a.' b. 1480 a. und 1490 b. 1491 a. scheinen jeweilig in einem Zuge geschrieben zu sein. [1] Ebenso oft in-dess begegnet es, dass nur ein Teil der Namen von einer Hand eingetragen ist, dazwischen aber andere Hände tätig waren. Ein bestimmter Gesichtspunct lässt sich hierin nicht erkennen. Einzelne Namen mögen im letzteren Falle Autographen sein [2], bei anderen scheint dies zweifelhaft. Wer von amtswegen die Auf-zeichnung führte, wird hie und da ausdrücklich angegeben.

---

1) Ein anderer Fall ist es indess, wenn 1190 a. von einem „primus rectoratus ven. et egregii magnifici Johannis de Sthavyacho-vycze" gesprochen wird, da ein „zweites" Rectorat nicht folgt. 2) So vielleicht pg. 52 der Name Stanislaus Ciolek.

Zuweilen ist es der Rector selbst. Die Halbjahre 1490 b. und 1491 a. wärend welcher M. Johann von Pilcza Rector war, hat eine Hand geschrieben, die zum zweiten Jahre ausdrücklich „manus ipsius" (d. i. des Rectors) heisst. Dasselbe findet 1503 b. und 1504 a. statt. Zum Jahre 1506 a. (pg. 508) ist unter die von einer Hand Intitulirten: „Albertus Joannis de Sneina a. t." von einer zweiten Hand mit dem Zusatz eingetragen: „is Albertus Joannis de Sneina fuit obmissus. Sed postquam pro eo venerabilis et egregius dominus doctor Bernardus de Cracovia deposuit, ego Mathias de Miechow arcium et medicine doctor protunc rector universitatis inscripsi eum prius accepto abeo testamento per iuramentum ad sacra evangelia." Wirklich ist diese zweite Hand zugleich dieselbe, welche uns unter den Rectoraten des Mathias von Miechow 1501 b. 1505 b. 1507 b. entgegentritt. In den Jahren, in welchen Johann von Dabrowka Rector war, 1451 b. 1453 b, 1458 u. b. 1467 a. b. 1471 a. b., fällt eine unbeholfene Schrift auf, welche ebenfalls, weil sie eben nur in diesen Jahren begegnet und weil ihre Beschaffenheit den Gedanken an einen Schreiber ausschliesst, des Rectors eigene Hand geschrieben haben dürfte.

Andererseits werden Notare der Rectoren erwähnt und zuweilen als diejenigen bezeichnet, welche die Namen eintrugen. Ein solcher spricht (pg. 49) zu Schluss des Jahres 1420 a.: „Nota quod totum scripsi, quod recepi tam partem servitorum et notariorum cum nomina (!) intitulatorum et summa septem marce et de eisdem septem marcis solui meis servitoribus, de quolibet intitulato sextum et de intitulatis, qui universitati nichil dederunt eciam nichil servitores de quolibet habuerunt

nec receperunt et nunc restat videre partes videlicet universitatis rectoris et notariorum quibus quid poterit inde
provenire." [1]) Pg. 179 sub rectoratu M. Nicolai de Kalis
1453 a. heisst es: „Huius domini rectoris Derslaus Michaelis de Carnicza (?) apostolica et imperiali auctoritatibus
notarius clericus Poznaniensis diocesis fuit notarius." An
der Spitze der 1457 a. intitulirten steht: „Nicolaus Laurencii de Slupcza notarius domini rectoris d. t." Zu Schluss
von 1480 b. heisst es: „sub hoc prefato rectoratu memo-
rati domini rectoris Arnolphi (de Myrzynyecz) dum-
taxat quinquaginta persone sunt intitulate et per me
Nicolauu Alberti de Dzyaloschycze tunc suum scribam
conscripte."

Die Aufzeichnungen schreiten teils in zwei Column-
nen, teils ohne solche fort. Besonders späterhin wird
die Einteilung der Seiten in Columnen immer seltener
und zuletzt ganz aufgegeben, da die von nun an ge-
wöhnlich stattfindende Hinzufügung der Diöcese, in
welcher der Geburtsort des intitulirten liegt, zuweilen
wol auch des Tages der Immatriculation die ganze
Breite des Blattes in Anspruch nimmt.

Die Intitulation — dies ist der technische Aus-
druck für die Namenseintragung — erfolgte ursprünglich nach Jahren. Von 1419 an erscheinen jährlich
zwei Rectoren. Das Sommer-Semester (a) „commutatio
estiualis" beginnt in der Regel mit „Georgii" (24. April),
das Winter-Semester (b) „commutatio hyemalis" mit
„Galli" (16. October). Kleine Differenzen sind unten
im Verzeichniss der Rectoren mitgeteilt. Der Eides-
leistung folgte die Intitulation. Es kommen indess

1) Die Notiz wurde später durchgestrichen.

auch nachträgliche, selbst nach Jahren erfolgte Inti-
tulationen vor. In Verbindung damit steht die Entrich-
tung des Collegiengeldes, welches meist in Münze, zuweilen auch in Naturalien bezahlt wird. Beispiele für letzteres
sind : pg. 11: „unum vns cerevisie"; pg. 15: „Setheslaus
Setheslai de Szeczechovicze prepositus Sandomiricensis
fecit prandium pro magistris" : pg. 122 : „Jacobus
civis et consul Cracovie filius Nicolai. Jacobus Jacobi
eiusdem consulis de Cracovia dederunt ½ lap. ce'",
ebenda „promisit dare mensuram salis"; pg. 424 :
Söhne dreier Brüder, Melchior und Stanislaus, die Söhne
des Johann Crupek, Erasmus, der Sohn des Erasmus
Cr. und Petrus und Stanislaus, die Söhne des Petrus
Cr. von Krakau „dederunt barile Malmatici (!)." Meist
erfolgt die Zahlung in Geld 1—8 gr. (Groschen). Welcher
Betrag als „totum" — einmal (pg. 354) „totototolum" —
galt, ist nicht ganz ersichtlich. Nur einmal 1487 b.
heisst es: „dedit totum alias 5 latos grossos." Daher
gilt (pg. 281) „16 gr." als „liberaliter." Aber auch
(pg. 467): „de ana liberalitate 9 gr. dedit." Am
wahrscheinlichsten war aber totum = 8 gr. Pg. 198
stand bei „Stanislaus Benedicti de Zyelenky", dem spä-
teren „sceptriger universitatis", mit dem Beinamen
„Sapientia" ursprünglich: „1 gr." Dies ist verbessert
von zweiter Hand in „nihil (?)." Hand c. schrieb daneben: „nobilis et famosus servus universitatis soluit
totum." Darüber Hand d.: „qui dicitur Sapientia dedit nihil." Unter „servus .... totum" Hand e: „alias
quadraginta grossos" Hand f: „sive marca; menti-
tur."!! —

Sehr oft begegnet Stundung („promisit"), vor allem
bezeichnend pg. 150: „Peter Paul nacione Romanus

tempore intitulationis nichil dedit, sed ad pinguiorem fortunam sihi terminum prorogari pro nichil dando petiit", aber auch pg. 15: „tenetur 6 gr. dare sub pena dupli ad festum nativitatis Christi", pg. 46: „promisit 2 gr. dare sub pena excommunicationis", pg. 105 zum J. 1435 a.: „dedit idem (er batte 3 gr. bezalt) quinque gr. pro finali solucione mihi Der(slao) de Do(rzinow) tunc rectori 1438", pg. 123; „6 gr. et post totum", pg. 149: „totum dedit iam" (früher: „2 gr."), pg. 303: „totum circa promocionem." Von dem Gelde wird zuweilen ein Teil ausdrücklich den „servitoribus" bestimmt, so pg. 64: „2 gr. et servitoribus 1 gr." vgl. pg. 101, 105 und 109. An einigen Stellen wird gezalt (pg. 149) „propter deum": (pg. 261) „ex gratia domini" (pg. 304) „propter deum (pg. 308) „pro deo." Oft kömmt auch Aufnahme ohne Bezalung (pg. 335): „gratis" oder „nichil dedit" vor; in einem Falle (pg. 17): „propter quod scripsit universitate in collegio." Mit der Stundung hängt zusammen, dass die Zalen oft durchstrichen sind und dafür später ein „totum" gesetzt wurde. Einmal heisst es auch (pg. 72): „dubium est, quantum dedit!".

Zugleich gewährt unsere Hs. das einzige sichere Mittel, um eine Vorstellung von der Frequenz der Universität Krakau im ersten Jh. ihres Bestehens zu gewinnen. Freilich lehrt dieselbe nur, wie viele Studenten jährlich neu hinzugetreten sind; jedenfalls aber und auch wenn man annnimmt, dass die Immatriculation vieler Studenten aus diesem oder aus jenem Grunde unterblieben sei, wird man auf sie gestützt den landläufigen Uebertreibungen entgegentreten dürfen, deren Quelle ein Brief des Florentiners Ottaviano di Guccio de' Calvani (1496) ist, wonach dem Leichenbegängnisse seines Landsmannes Callimachus 15,000 Scholaren beigewohnt hätten. Ich teile im Folgenden den jährlichen Zuwachs nach der Hs. mit.

Anzal der jährlich intitulirten Scholaren.

a. 1400	=	206	1424	b.	=	70
1401	=	45	1425		=	122
1402	=	99	1426		=	193
1403	=	80	1427	a.	=	153
1404	=	96		b.	=	63
1405	=	133	1428	a.	=	118
1406	=	124		b.	=	59
1407	=	92	1429	a.	=	50
1408	=	35		b.	=	67
1409	=	57	1430	a.	=	173
1410	=	88		b.	=	56
1411	=	150	1431	a.	=	78
1412	=	120		b.	=	40
1413	=	113	1432	a.	=	66
1414 } zusammen				b.	=	45
1415 }		280	1433	a.	=	42
1416	=	110		b.	=	50
1417	=	109	1434	a.	=	46
1418	=	123		b.	=	74
1419	a. =	101	1435	a.	=	43
	b. =	67		b.	=	54
1420	a. =	136	1436	a.	=	147
	b. =	102		b.	=	61
1421	a. =	140	1437	a.	=	74
	b. =	51		b.	=	33
1422	=	72	1438	a.	=	39
1423	a. =	67		b.	=	38
	b. =	32	1439	a.	=	8
1424	a. =	95	1440	a.	=	114

1440 b. — 74	1459 a. — 148
1441 a. = 105	b. = 98
b. — 51	1460 a. = 65
1442 a. = 57	b. = 86
b. = 103	1461 a. — 109
1443 a. = 89	b. = 63
b. = 69	1462 a. — 122
1444 a. = 85	b. = 57
b. = 71	1463 a. = 152
1445 a. = 77	b. = 65
b. = 34	1464 a. = 128
1446 a. = 74	b. = 83
b. — 39	1465 a. = 116
1447 a. = 87	b. — 71
b. — 67	1466 a. = 82
1448 a. = 87	b. = 33
b. — 96	1467 a. = 145
1449 a. = 159	b. = 71
b. = 66	1468 a. = 151
1450 a. = 130	b. = 106
b. = 53	1469 a. = 101
1451 a. = 108	b. = 119
b. = 71	1470 a. = 159
1452 a. = 63	b. = 115
b. = 50	1471 a. = 135
1453 a. = 83	b. = 17
b. = 57	b.' = 42
1454 a. = 146	1472 a. — 61
b. — 81	b. = 44
1455 a. = 117	1473 a. = 175
b. = 68	b. = 148
1456 a. = 80	1474 a. = 158
b. = 76	b. = 158
1457 a. = 107	1475 a. = 142
b. = 84	b. = 111
1458 a. = 139	1476 a. = 159
b. = 66	b. = 84

1477	a.	= 132	1492	b.	= 118
	b.	= 99	1493	a.	= 245
1478	a.	= 124		b.	= 137
	b.	= 90	1494	a.	= 194
1479	a.	= 33		b.	= 132
	a'.	= 71	1495	a.	= 154
	b.	= 102		b.	= 37
1480	a.	= 124	1496	a.	= 84
	b.	= 53		b.	= 8
1481	a.	= 47	1497	a.	= 57
	b.	= 100		b.	= 60
1482	a.	= 66	1498	a.	= 179
	b.	= 64		b.	= 161
1483	a.	= 262	1499	a.	= 249
	b.	= 126		b.	= 192
1484	a.	= 224	1500	a.	= 375
	b.	= 125		b.	= 131
1485	a.	= 186	1501	a.	= 233
	b.	= 111		b.	= 154
1486	a.	= 86	1502	a.	= 241
	b.	= 83		b.	= 92
1487	a.	= 203	1503	a.	= 224
	b.	= 108		b.	= 109
1488	a.	= 157	1504	a.	= 233
	b.	= 108		b.	= 121
1489	a.	= 112	1505	a.	= 171
	a'.	= 56		b.	= 75
	b.	= 57	1506	a.	= 214
	b'.	= 42		b.	= 158
1490	a.	= 148	1507	a.	= 250
	b.	= 110		b.	= 65
1491	a.	= 149	1508	a.	= 54
	b.	= 69		b.	= 62
1492	a.	= 183			

Verzeichniss der Rectoren.

1400 (pg. 11). Stanislaus decret. doctor.

1401 (pg. 15). „Rectoratus secundus illustris principis (sic) domini Johannis custodie ¹) Cracoviensis et Sandomiriensis A. d. 1401 illustrie princeps et ven. dominus dominus Johannes dux Dregicinensis custos et canonicus Cracoviensis et Sandomiriensis ecclesiarum die sancti Galli in collegio universitatis studii Cracoviensis per universitatem predicti studii canonice est electus."

1402 (pg. 16). Nicolaus decr. doct. et officialis Cracoviensis.

1403 (pg. 17). Otto scolasticus Cracoviensis.

1404 (pg. 19 b.) Johannes Schafranecz ²)

1405 (pg. 21 a.) Johannes prepositus sancti Michaelis. ³)

1406 (pg. 23 a.) Magister Nicolaus Peyser baccalareus formatus.

1407 (pg. 26). Magister Franciscus Creysowicz de Brega sacre theologie bacc. et decanus s. Floriani.

1408 (pg. 28) M. ⁴) Andreas de Kokorzyno.

1409 (pg. 29 a.) M. Helya de Winollincia s. theol. bacc.

1410 (pg. 30 a.) M. Nicolaus de Koslow.

1411 (pg. 31 a.) M. Lucas s. theol. bacc.

1412 (pg. 33 a.) M. Nicolaus Hynczko de Kasimiria canonicus apud s. Georgium castri Cracoviensis.

1413 (pg. 35 a.) Rectoratus secundus venerandi doctoris decrel. Stanislai de Scarbimir.

1414 (pg. 37 a.) M. Paulus de Wladimiria doctor decret.

1415 fehlt (s. ob.)

1416 (pg. 40 a.) M. Nicolaus Bawdissin de Cracovia sacre theologie baccalareus et canonicus Sanflorianus

---

1) Zusatz anderer Hand: et canonicus. 2) Am unteren Rande von pg. 20: Summa tocius recturatus est media larcia marca et 4 gr. 3) Am unteren Rande von pg. 21: Summa tocius rectoratus esa marca et 10 gr. 4) M = magister.

1417 (pg. 41 a.) M. Nicolaus Scultetus de Conradi silua bacc. in decretis.

1416 (pg. 42 b.) M. Johannes de Falcow licenciatus in decretis necnon canonicus Cracoviensis. (pg. 43 a.) „Tempore M. Pauli Wladimiri decr. doctoris vices rectoris gerentis."

1419 a. [1]) (pg. 44 a.) M. Pelcze de Borzikowa. b. (pg. 45 b.) („anno domini 1419 incompleto.") M. Johannes Kroleo de Wilna medicine doctor.

1420 a. (pg. 46 b.) M. Jacobus de nova Saudecz s. theol. baccal. formatus. b. (pg. 50). M. Jacobus de Zaborow decr. doctor (vgl. 1424/b., 1437, 1444/a., 1447/a.)

1421 a. (pg. 53). M. Nicolaus Goltberg. b. (pg. 56). Thomas de Chroberz decr. doctor.

1422 (pg. 59). „Sub rectoratu serenissimi principis et domini domini Allexandri dei gratia ducis Mazowie preposili Gneznensis."

1423 a. (pg. 62). M. Sigismundus Pyser bacc. s. theol. b. (pg. 64). M. Mathias Colo licentiatus iuris canonici ac baccal. s. theologie.

1424 a. (pg. 67). „Sub rectoratu magnifici Johannis de ...[2]) canonici ecclesie sancti Floriani." b. (pg. 68). M. Jacobus de Zaborow decret. doctor. (vgl. 1420/b., 1437, 1444/a., 1447/a.)

1425 a. (pg. 69). „Sub rectoratu egregii ardum ac medicine doctoris M. Johannis de Papia."

1426 (pg. 71). „Rectoratus secundus venerabilis viri M. Andree de Kokorzino a. theol. professoris et custodis s. Marie in Sandomir." (Vgl. 1408).

---

1) Von hier an in der Regel jährlich zwei Rectoren. 2) Der Name, welcher oben am Rande stand, ist mit diesem weggeschnitten worden: gemeint ist wol J. de Radochoncza, wie aus dem Resten der Buchstaben und daraus zu entnehmen ist, dass die Intitulation dieses J. und die des J. 1431 a., in welchem jener wider Rector war, offenbar von derselben Hand herrühren.

1427 a. (pg. 74). M. Johannes de Elgoth decretorum
doctor.

b. (pg. 76). M. Benedictus Hesse de Cracovia a.
theol. bacc. ac canonicus ecclesie s. Floriani. („In
commutatione byemali.")

1428 a. (pg. 78). M. Laurencius de Rathibor s. theol. bacc.
s. Marie Rathiboriensis sanctique Floriani ecclesiarum canonicus. („In estivali commutatione.")

b. (pg. 81). Derselbe zum zweiten Male.

1429 a. (pg. 83). Rectoratus tertius... M. Andreas de
Kokorzyno s. theol. professoris et archidiaconi Cracoviensis. (Vgl. 1426.)

b. (pg. 85). M. Franciscus Creyzewicz de Urega s.
theol. professor canonicus Cracoviensis. (Vgl. 1407.)

1430 a. (pg. 87). M. Johannes de Velun baccal. s. theol.

b. „Sub rectoratu M. Andree de Buk s. theol. bacc.
nec non custodis eccl. s. Floriani in Florencia. —
Feria quarta post dominicam Letare Jerusalem etc.
M. Johannes Orisath quamvis non sit receptus ir
scriptis matricule universitatis presenti tamen in presencia rectoris et suorum consiliariorum in iudicio
presidencium iuramento ei delato iuravit se prestitisse ioramentum universitati more communi iurandi
universitati. Insuper ostendit litteras testimoniales
super sua promocione ad magistrum quarum una
erat rectoris universitatis Pragensis, alia decani facultatis theologice einsdem universitatis ambe de a.
1413. Item hii sunt intitulati...."

1431 a. (pg. 94). M. Johannes de Radochoncze canonicus
ecclesie s. Floriani.

b. (pg. 95). Derslaus de Borzynow decr. doctor.

1432 a. (pg 96). Mit dem obern Rande ist ein Teil der
Aufschrift weggeschnitten; noch zu lesen sind die
Worte: „a. d. 1432 hii sunt intitulati inter festum
Georgii et Galli in estate."

b. (pg. 97). Thom. de Strzampino decr. doct. (zweites
Doctorat desselben.)

1433 a. (pg. 98). M. Nicolaus de Brega s. theol. baccal.
et canonicus a. Floriani.

b. (pg. 99). „Sub rectoratu M. Thome de Bod-
zanczin bacc. in iure canonico ac canonici ecclesie
a. Floriani sub a. 1434 (sic!)".

1434 a. (pg. 101). M. Stanislaus de Vacze decr. doctor
et rector parrochialis ecclesie in Dzerzanana. „Sub
a. d. 1434 post festum s. Jeorgii".

1434 b. (pg. 102). M. Johannes Puzka de Cracovia bacc.
in iure canonico; „post festum a. Galli".

(pg. 103). „Item eodem anno et eadem commutatione absente magistro Johanne electus est dominus
Derslaus de Berzinow decret. doctor usque ad com-
mutationem in festo s. Pauli conversionis."

1435 (pg. 105). Michael de Schidlow decr. doctor; „sub
a. d. 1435 in commutatione s. Georgii".

1436 (pg. 106). M. Andreas de Duk s. theolog. bacc.
formatus et custos a. Floriani in Florencia; (dessen
2. Rectorat) „a. d. 1436".

1436 (pg. 109). M. Johannes de Jastrzambye s. theol.
professor canonicus Plocensis; „a. d. 1436 circa
festum a. Adalberti."

1437 (pg. 113). „In secundo rectoratu eiusdem M. Johannis etc." (ohne Jahresangabe).

(pg. 115). M. Jacobus de Zaborow decr. doctor
„egregius". „A. d. 1437". Vgl. 1420 b., 1424 b.,
1444a., 1447 a.

1438 (pg. 117). M. Johannes de Elgoth decr. doctor canonicus et officialis Cracoviensis; „anno a nativitate
domini 1438 per tempus hiemale".

(pg. 118). Derslaus de Borzinow decr. doctor archidiaconus et canonicus Cracoviensis; „a. d. 1438 die
secunda mensis Maij electi et confirmati infrascripti
studentes sunt intitulati."

(pg. 120). „Sub rectoratu ven. viri M. Nicolai
Spiczimiri de Cracovia decr. doctoris Cracoviensis et
Wratislaviensis ecclesiarum cantoris sedisque aposto-

lice nuncil in regnis Polonie et Bohemie ac in
ipsorum regnorum singulis provinciis et in ipsarum
provinciarum civitatibus ac omnium fructuum redi-
tuum et proventuum nencnon (sic) census denarii
sancti Petri collectoris generalis per sedem specialiter
deputati a. de nativitate domini 1438 in die s.
Galli electi studentes infrascripti sunt intitulati per
tempus hyemale" [1]).

1439 a. (pg. 122). „Sub rectoratu M. Jacobi Parkossy
de Szorawice decr. doctoris rectoris ecclesie parrochialis s. Stanislai de Rupella Kazimirie etc. a. a
nativitate domini 1439 in die s. Georgii 24. die
Aprilis electi et confirmati infrascripti studentes sunt
intitulati. [Fuit autem per illam totam commuta-
tionem in civitate Cracoviensi et circumcirca grandis
pestilencia]" [2]).

1440 a. (pg. 122). M. Johannes de Dobra medicine doctor.
b. (pg. 124). 2. Rectorat des M. Jacob Parkossy

_____

1) Hieraus dürfte sich ergeben, dass pg. 117 das „tempus
biennale" bereits 1437 begann, somit auch pg. 115 warscheinlich
1436, desgleichen pg. 106 schon 1435. Auf diese Weise würde
sich auch innerhalb dieser Jahre eine regelmässige Abfolge von
Sommer- und Winter-Semestern ergeben, nämlich: pg. 105 = 1435
s., pg. 106 = 1435 h., pg. 109 = 1436 s., pg. 115 = 1436 h.,
pg. 115 = 1437 s., pg. 117 = 1437 b., pg. 118 = 1438 s., pg.
120 = 1438 b. Die Erscheinung, dass, sofern meine Vermutung
richtig ist, die Semester 1435 b. und 1437 b. postdatirt werden,
liesse sich etwa dadurch erklären, dass die Intitulation, welche in
beiden Fällen eine Hand vollzog, sich bis in den Beginn des folgenden Jahres d. h. bis in die zweite Hälfte des betreffenden Semesters verzögerte, das sodann nicht nach dem Jahre, in dem es
begann, sondern nach dem laufenden bezeichnet worden wäre. Aehn-
liches gilt von 1454 h. 1478 b. vgl. u. 2) Die eingeschlossenen
Worte scheinen um weniges später eingetragen worden zu sein. Eine
Folge der Pest dürfte es gewesen sein, dass damals nur acht Namen
eingetragen worden sind das 2. (Winter)-Semester 1439 ausfiel.

von Szorawics; vgl. 1439/a. Intitulation: „in crastino sancti Galli 17. die mensis Octobris".

1441 a. (pg. 126). 3. Rectorat desselben. Jntit. „in crastino ad (!) Adalberti in Mayo".
b. (pg. 128). M. Paulus Paszkonis de Pyotrkovia a. theol. baccal. Jntit.: „in die a. Galli."

1442 a. (pg. 135). M. Stanislaus de Lyschino decr. doctor scolasticus ecclesie collegiate s. Marie Sandomiriensis. Intit.: „in crastino s. Georgii 25. d. m. Aprilis".
b. (pg. 137). 2. Rectorat desselben „commutatione immediate sequenti hyemali".

1443 a. (pg. 141). 3. Rectorat desselben „commut. estivali".
b. (pg. 144). M. Thomas de Strzampyno professor a. theologie decr. doctor canonicus Gnezuensis et Cracoviensis. Intit.: „ipso die a. Galli 16. m. Octobr."

1444 a. (pg. 132 ¹). M. Jacobus de Zaborow decret. doctor canonicus Cracoviensis. (Vgl. 1420, b., 1424, b., 1437, 1447/a.)
b. (pg. 146)). M. Bartholomeus de Radom professor s. theol. can. eccl. collegiate s. Floriani. Jntit.: „post festum s. Galli".

1445 a. (pg. 148). 2. Rectorat desselben. Intit.: „commut. vernali" ²).
b. (pg. 150). 4. Rectorat des M. Stanislaus de Lyschino (vgl. 1442, 1443/a.) der hier überdiess als „unconservator iurium et privilegiorum alme universitatis studii Cracoviensis" bezeichnet wird. Intit.: „ipso die s. Galli 16. m. Oct."

1446 a. (pg. 151). M. Stanislaus de Sobnow propositus Tridentinus Cracoviensis et Plocensis ecclesiarum canonicus orator s. Basiliensis concilii. Jntit.: „commut. estivali."

---

1) 1444 a. steht in der Hs. zwischen 1441 b. und 1442 a.
(2) Darüber wie es scheint etwas später: estivali, eine richtige Correctur.

b. (pg. 153). M. Johannes de Dambrowka decr.
doctor s. theologie licenciatus et canonicus s. Floriani.
Intit.: „a. d. 1446 et 7 commut. hibernali."
1447 a. (pg. 154). M. Jacobus de Zaborow decr. doctor
can. Crac. [1]. (Vgl. 1420 b., 1424/b., 1437, 1444/a.)
b. (pg. 158). M. Jacobus s. theol. professor prepo-
situsque s. Hedwigis in ponto regali extra muros
Cracoviensis fratrum ordinis s. sepulchri dominici
Jerusalomitani sub regula s. Augustini. Intit.: Galli.
1448 a. (pg. 160). Desselben 2. Rectorat.
b. (pg. 162). M. Dilina de Lesczyny in sacra pagina licentiatus nec non rector ecclesie parochialis
in Cunow.
1449 a. (pg. 165). M. Mathias de Labischin s. theologie
professor custos ecclesie collegiate s. Floriani.
b. (pg. 167). M. Benedictus Hesse de Cracovia s.
theologie professor canon. cathedralis Cracoviensis.
1450 a. (pg. 169). Derselbe.
b. (pg. 171). Andreas de Sadowye decr. doctor rector
eccl. parrochialis in Uzandzo.
1451 a. (pg. 172). M. Benedictus Hesse de Cracovia. (Vgl.
1449/b., 1450 a.)
b. (pg. 173). M. Johannes de Dambrowka (vgl.
1446/b.) s. theol. professor et doctor decr. decanus
Sandecensis canonicus s. Floriani et s. Marie Kelcensis.
1452 a. (pg. 176). Johannes de Pnyew decr. doctor archidiaconus et canonicus Cracoviensis. Intit.: „solis
ultima mensis Aprilis commut. estivali"
b. (pg. 178). M. Johannes de Slopcza professor s.
theologie, canonicus ecclesie s. Floriani.
1453 a. (pg. 179). M. Nicolaus de Kalis decr. doctor eccl.
parrochialis in Zarnowycz rector tunc in iure canonico ordinarius lector. Intit.: „commut. estiv. post
festum s. Georgii".

1) Von späterer Hand (fälschlich als dessen achtes Rectorat bezeichnet.

b. (pg. 181). M. Johannes de Dambrowka (vgl.
1451/b.) professor a. throl, decr. doctor custos
ecclesie Kelcensie et canon. s. Floriani.
1454 a. (pg. 183). M. Benedictus Hesse de Cracovia. (Vgl.
1449 b., 1450/a., 1451/a.)
b. (pg. 184). M. Nicolaus Dylina s. theol. professor
canon. eccl. s. Floriani. Intit.: „a. d. 1455 (l)
yemali commutatione" ¹).
1455 a. (pg. 185). „Secundus rectoratus eiusdem commu-
tationis estivalis" ²).
b. (pg. 187). M. Benedictus Hesse de Cracovia. (Vgl.
1449/b., 1450/a., 1451/a., 1454 a) Intit.: „a. 1455
tempore hyemali post festum Galli."
1456 a. (pg. 191). Johannes de Puyow; vgl. 1452 a.
b. (pg. 193). Derselbe ³); vgl. 1452/a., 1456/a.
1457 a. (pg. 196). Caspar de Cracovia decretorum licenciatus scolasticus eccl. kathedralis Cracoviensis.
b. (pg. 198). „In secundo rectoratu eiusque magistri Caspar Hockenberg."
1458 a. (pg. 200). Johannes de Dambrowka s. theol. et
decret. doctor custos Kelcensis et canonicus s. Floriani vicecancellarius studii Cracoviensis. Vgl. 1453/b.
b. (p. 203). Derselbe; vgl. 1458/a.
1459 a. (p. 205). M. Caspar; vgl. 1457/a. b,
b. (p. 208). Derselbe.
1460 a. (p. 210). M. Albertus de Liszecz decr. doctor
canonicus Kruszbickensis rector ecclesie parrochialis
in Luborzicza.
b. (p. 214). Sandiwogius de Thanczin baccalarius
in decretis canonicus Cracoviensis.
1461 a. (p. 216). M. Nicolaus Bilina s. theol. professor
canonicus ecclesie s. Floriani.

---

¹) In Wirklichkeit 1454/55 vgl. die Note zu 1458. ²) Ohne
Jahresangabe. ³) Ungenaue Bezeichnung: „sub rectorato secundo d.
Joh. de Pu."

b. (p. 219). Derselbe [1]).

1462 a. (pg. 221). „Rectoratus ven. viri domini Arnolphi de Mirziwecz (sic!) decr. doctoris ordinarii lectoris iuris canonici canonici Plocensis ad quem electus est a. d. d. 1462 pro festo s. Georgii."

b. (pg. 224). „Secundus rectoratus einsdem ven. viri d. A. de Mirzinyecz d. d. o. l. J. c. ecclesie cathedralis Plocensis, ad quem relectus est per universitatem studii Cracoviensis ipso die s. Galli a d. 1462. Sub quo infrascripti sunt intitulati prestito iuramento iuxta formam in principio huius matricule descriptam."

1463 a. (pag. 225). M. Paulus de Clobuczsko licenciatus sacre theologie canon. s. Floriani; zum Rector gewählt: „pro festo s. Georgii."

b. (pg. 230). M. Nicolaus de Kalis decr. doctor canonicus Cracoviensis; gewählt: „pro f. s. Galli." vgl. 1453/a.

1464 a. (pg. 231). Derselbe; vgl. 1463/a.

b. (pg. 234). M. Petrus Gaszzowyecz de Losmyerza medicine doctor et regis Polonie phisicus.

1465 a. (pg. 236). Derselbe.

b. (pg. 239). M. Andreas Grzymala de Poznania med. doctor licentiatus in decretis „ecclesie s. Nicolai extra muros Cracovie per sedem apostolicam incorporate universitati plebanus primus."

1466 a. (pg. 241). Derselbe.

b. (pg. 243). M. Paulus de Clobuczsko; vgl. 1463/a.

1467 a. (pg. 244). M. Joh. de Dambrovka; vgl. 1458/b.

b. (pg. 248). Derselbe; vgl. 1467/a.

1468 a. (pg. 250). M. Johannes de Latboschin decr. doctor canonicus Tarnoviensis.

b. (pg. 252). Derselbe.

1469 a. (pg. 253). M. Stanislaus de Sadek sacre pagine professor et canonicus s. Floriani.

---

1) Spätere Zusätze zu diesen Namen: canonici Cracoviensis et Wladislaviensis in Chotel prebendarii et curati in Skoryska.

b. (pg. 255). M. Nicolaus Bilina sacre pagine professor Wladislavien. et s. Floriani canonicus. Vgl. 1461/a. b.

1470 a. (pg. 258). M. Petrus Gaszoviecz de Losunyerza; vgl. 1465/a.

b. (pg. 262). Arnolphus de Mirzinyecz, decret. doctor a. theol. baccalarius formatus lector ordinarius iuris canonici et plebanus ecclesie omnium sanctorum in Cracovia vgl. 1462/a. b.

1471 a. (pg. 263). M. Joh. de Dambrowka; vgl. 1467/a. b. (pg. 266). Derselbe.

1472 (pg. 267). „Sub magistri Clementis de Gorka decr. doctoris et lectoris ordinarii eorundem rectoratu primo, ad quem est electus ipso die beati Felicis post octavas epifaniarum domini a. d. 1472 que fuit continuatio rectoratus premortui."

a. (pg. 268). „Rectoratus secundus magistri Clementis de Gorka d. d. lect. o. decretorum, ad quem est electus die beati Georgii martiris a. d. 1472."

b. (pg. 269). Mathias de Costhen decr. doctor ad s. Annam plebanus in Cracovia et altarista sanctorum trium regum in ecclesia Cracoviensi kathedrali."

1473 a. (pg. 270). Derselbe.

b. (pg. 274). Mathias de Blandow decr. doctor canonicus et vicarius in spiritualibus generalis Cracoviensis.

1474 a. (pg. 276). M. Stanislaus Florianus de Sadek; vgl. 1469/a.

b. (pg. 277). Mathias de Blandow decr. d. Cracov. Przemisliensis et Sandomiriensis canonicus; vgl. 1473/b.

1475 a. (pg. 280). M. Jacobus de Schadek decr. doctor et canon. Cracov.

b. (pg. 284). Derselbe.

1476 a. (pg. 287). Johannes de Slupcza professor s. theol. canon. Cracoviensis.

b. (pg. 289). Derselbe.

1477 a. (pg. 292). M. Mathias de Cobylino s. theol. prof. decanus ecclesie s. Floriani.

b. (pg. 296). Derselbe.

1478 a. (pg. 298). „In rectoratu primo [1]) maitstri Stanislai de Zawada s. theol. professoris.“

b. (pg. 300). Derselbe „commutatione hiemali a. d.
1479.“ [2])

1479 a. (pg. 301). Doctor Georgius Landanus de Cracovia: „a. d. 1479 commutatione estivali.“ [3])

a'. (pg. 302). M. Johannes de Oszwyanczini s. theol.
professor custos ecclesie collegiate s. Floriani. „Commutatione estivali a. d. 1479 hii sunt intitulati
post festum S. Viti.“

b. (pg. 303). Derselbe. „Commutatione estivali.“

1480 a. (pg. 305). Derselbe.

b. (pg. 308). Arnolphus de Myrzynycz vgl. 1470/b.

1481 a. (pg. 310). M. Clemens de Gorka decr. doctor.
vgl. 1472/a. „In dispersione magistrorum et sup-
positorum universitatis et hominum multorum utriusque status de Cracovia propter comminacionem nimiam
validissime pestis, que tunc futura certissime mina-
batur, que tamen ordinacione divina minime appa-
ruit seu subsecuta est.“

b. (pg. 311). M. Stanislaus de Grzeziny prof. s.
theol. et canon. s. Floriani.

1482 a. (pg. 313) Mathias de Costen „ad S. Annam plebanus tertius.“ Vgl. 1473/a

b. (pg. 314). Derselbe „ad quem (rectoratum) fuit
reelectus in die s. Galli anno quo supra peste ur-
gente.“

1483 a. (pg. 316). Johannes de Lathoschin decretorum
doctor canon. Cracov. et cantor Oppathoviensis; vgl.
1468/a. b.

---

1) Ursprünglich, somit erst im zweiten Rectorat in's reine geschrieben. Wirklich rühren 1478/a. und 1478/b von einer Hand
her. 2) Vgl. Note zu 1458. 3) Dies Rectorat muss irgend eine Störung
erlitten haben, da noch in demselben Sommerhalbjahr (15. Juni)
ein neuer Rector eintritt.

b. (pg. 319) Derselbe bezeichnet als decr. d. cantor S. Martini Oppathoviensis, canon. Cracov. rector et vicecancellarius prefate universitatis Cracoviensis provisorque burse Jerusalemitani (?).

1484 a. (pg. 323). M. Mathias de Cobilino; vgl. 1477/a. b.

b. (pg. 328). Derselbe.

1485 a. (pg. 331). Mathias de Coethen; vgl. 1482/b. Jntit.: „die Mercurii 26. m. Aprilis.“

b. (pg. 355). Johannes de Baruchow decr. doctor canon. Cracov. Jntit.: „die Saturni 22 m. Octobr.“

1486 a. (pg 338). Derselbe (Magister). Jntit.: „faria secunda in crastino s. Adalberti.“

b. (pg. 341). Derselbe.

1487 a. (pg. 344). M. Nicolaus de Cracovia prof. s. theol. custos ecclesie collegiate s. Floriani.

b. (pg. 350). Derselbe.

1488 a. (pg 353). M. Mathias de Cobilino; vgl. 1484/a.

b. (pg. 357). Derselbe.

1489 a. (pg. 361). M Stanislaus de Cobilino decr. doctor canon. ecclesie Scarbimiriensia.

a.' (pg. 364). M. Mathias de Cobylino; vgl. 1486/b. „electus post obitum olim ven. viri M. Stanislai Kobilensky decr. doctoris et tunc rectoris commut. estivali post festum Marie Magdalene.“ ¹)

b. (pg. 367). M. Bernardus de Nissa s. theol. prof. custos s. Floriani extra Cracoviam et Wratislaviensis ac s. Crucis ibidem ecclesiarum canonicus „comm. hyemali.“

b' (pg. 369). M. Stanislaus de Brzezini s. theol. prof. et canonicus Crac. „electus post obitum olim. ven. M. Bernhardi de Nissa s. theol. prof. custodis s. Floriani ante Crac. et Wr. ac s. Crucis ibid. eccl. canonici et tunc rectoris a. d. 1490 commut. hiemali Veneris quarta Februarii.“

---

1) 22. Juli.

1490 a. (pg. 370). M. Mathias de Cobilyno; vgl. 1489/a'.
b. (pg. 374). M. Johannes de Pylcza s. theol. prof.
custos eccl. collegiat. a. Floriani extra muros Cracovie.

1491 a. (pg. 376). Derselbe „s. theol. prof. et decanus
eccl. coll. s. Flor. in Cleparz."
b. (pg. 379). M. de Cobilino s. theol. prof. lector
ordinarius eiusdem; vgl. 1490/a.

1492 a. (pg. 381). Johannes de Lathoschin a. theologie
et decret. doctor canonicus et officialis Cracoviensis
generalis; vgl. 1493/a.
b. (pg. 385). M. Joh. de Lathoszin; vgl. 1492/a.
Im Verlaufe der Intitulation heisst es (pg. 386):
„in absentia domini rectoris sub doctore Valentino
de Jlkusch tunc vicerectore hii sunt intitulati."

1493 a. (pg. 388). Johannes de Sthanyschevycze prof.
a. theol. canonicus a. Floriani.
b. (pg. 393). M. Johannes de Osswanczim a. theol.
professor custos eccl. collegiat. s. Floriani in Cleparz.

1494 a. (pg. 396). Derselbe hier bezeichnet: Joh. Sacranus
de Osswanczim.
b. (pg. 401). Derselbe.

1495 a. (pg. 404). „Sub M. Mathia de Schidlow commutatione hiemali" [1])
b. (pg. 406). Valentinus de Jlkusch decretorum doctor canon. eccl. cathedr.

1496 a. (pg. 409). M. Andreas de Labyschyn a. pagine
prof. et iuris canonici doctor decanus a. Floriani.

---

[1] Diese zum Teile falsche Notiz ist von einer zweiten Hand
unter also von der Hand, welche das Namensregister dieses Sema-
ters eintrug, berrührende Aufschrift gesetzt. Die Intale ist durch
eine geschmacklose Federzeichnung in drei Felder geteilt; im Mittel-
felde liest man die Worte: Jhs. N. R. Judeorum. S. Hieronimus,
links die Jahrzal 1495 (arabisch), darunter: commendatio Saturni S.
Maii ipso die Sigismundi, rechts: Luna XXVII. Aprilis electio qui
dies erat crastinus post conducicam Pasche. Georgii tunc festum fuit

b. (pg. 411). Derselbe.

1497 a. (pg. 411). Derselbe „cathedralis ecclesie Cracoviensis sub quadragesime precedente factus canonicus ac promotus."

b. (pg. 413). Joannes de Vissoka decr. doctor prepositus Koprzionlciensis et canonicus collegiate ecclesie omnium sanctorum in Cracovia.

1498 a. (pg. 415). M. Johannes Turzo de Cracovia decr. doctor scolasticus Gneznensis et canonicus Cracovlensis.

b. (pg. 420). Derselba.

1499 a. (pg. 425). Joannes de Starzechovieze decr. doctor scolasticus Vislieiensis canonicus et officialis Cracovienais generalis.

b. (pg. 431). Valentinus de Jlkusch decr. doctor can. Cracov. vicecancellarius universitatis eiusdem; vgl. 1495/b.

1500 a. (pg. 436) Johannes de Regulis artium et medicine doctor regia Polonie phizicus protunc prothoconsul inclite Cracoviensis civitatis „tempore gracie Jubilei."

b. (pg. 456). Albertus de Pnyewy professor a. theol. canon. ecclesie collegiate s. Floriani in Cleparz.

1501 a. (pg. 461). Nicolaus de Pyłcza prof. a. theol. custos ecclesie collegiate s. Floriani in Cleparz.

b. (pg. 466). Mathias de Miechow arcium et medicine doctor.

1502 a. (pg. 470). Johannes de Regulis; vgl. 1500/a.

b (pg. 478). M Martinus de Cracovia a. theol. professor decanus ecclesie collegiate s. Floriani in Cleparz.

1503 a. (pg. 481). Derselbe.

b. (pg. 487). M. Jacobus de Gostinyn prof. s. theol. canon. ecclesie collegiate s. Floriani in Cleparz.

---

feria quinta infra conductam etc. Dieselbe Hand (pg. 407) zu Schluss dieses Rectorats: Consevit rectoratus 1495 Martis XXI. Octobris tunc audecim mille virginum commendatio fuit sori domini rectoris M. Valentini de Jlkusz decretorum doctoris, canonici Cracoviensis. Regat feliciter et triumphet.

3 *

1504 a. (pg. 490). Derselbe „tunc vicecancellarius studii Cracoviensis."

b. (pg. 497). Johannes Amicinus de Cracovia arcium et iuris canonici doctor dei et apostolice sedis gracia episcopus Laodiciensis et suffraganeus Cracoviensis nec non s. Nicolai extra muros Cracovien. plebanus.

1505 a. (pg. 501). Derselbe.

b. (pg. 505). Mathias de Miechow; vgl. 1501/b.

1506 a. (pg. 507). M. Bernardus de Cracovia s. theol. prof. et canon. ecclesie collegiate s. Floriani.

b. (pg. 511). Derselbe.

1507 a. (pg. 515). Johannes de Regulis; vgl. 1502/a.

b. (pg. 522). Mathias de Miechow; vgl. 1505/b. „ac vicecancellarius alme universitatis studii Cracoviensis."

1508 a. (pg. 524). Johannes de Regulis; vgl. 1507/a.

b. (pg. 526). M. Stanislaus de Cracovia s. theol. prof. ac prepositus eccl. s. Hedwigis in ponte regali.

Verzeichnis geschichtlich beachtenswerther Scholaren.

p. 11 Nicolaus Psitacus de Czartky vicar. Cracov. 1400.

Andr. Dorothe de Wyazd dt. rectori 1 vas cerevisie.

Petrus Nicolai de Starzini 3 quart. dt. cerevisie.

Adam Andree de Jagerdorff vicradvocatus Cracoviensis.

Nicolaus Floriani procurator.

Johannes Martini Cirkelmeyster de Cracovia. ¹)

12 b. Augustinus Petri de Kazimiria predicator.

14 a. Andreas Burcardi presbyter.

---

1) Rot unterstrichen.

14 b. Panko comunis servitor universitatis.
Jacobus Johannis de Wladislavia servitor universitatis.
15 a. Sothcslaus Sotheslai de Czrczechovicze prepositus
Sandomiriensis fecit prandium pro magistris. 1401.
16 a. Petrus Nicolai de Sarm rector ecclesie in Slawnsa-
zow dt 3 gr. 1402.
Wenceslaus rector medie partis de Rasszizia.
17 a. Martinus Cloanr in Delub(er)lin(sic) rector ecclesie
in Crassmik d. 6 gr.
b. Martinus custos ecclesie Wylnensis dt. 6 gr.
Petrus Pauli rector ecclesie de Dobra.

18 a. Fr(ater) Martinus ⎫
Fr. Petrus ⎪
Fr. Marcus ⎬ de Tyncia. 1403.
Fr. Nicolaus ⎪
Fr. Jacobus ⎪
Fr. Petrus ⎭

19 a. Fr. Hermannus de Bwdstele ordinis Carmelitarum.
Fr. Johannes de Schonwerde ord. Carmelit.
b. Andreas, Nicolaus, Johannes Roslay (!) heredis
de Woyslawycze omnes dederunt 6 gr. 1404.
20 a. Styborius rector ecclesia in Bwtem et canonicus
Ploczczansis d. 6 gr.
Fr. Nicolaus Drogoss ord. s. Augustini le Mecho-
wia d. 4 gr.
b. Sthephannus Valentini de Corpa(ci?) plebanus de
Scepus.
Petrus Jacobi de Lancicia ligator librorum.
Nicolaus Bronislai de Buczyslaw altarista Gneznensis
et plebanus in Narzabcow dt. 4 gr.
Fr. Wylhelmus de Claratumba 5.
21 a. Jacobus Petri de Zaborow. d. 6 gr. [1]) 1405.
22 Lampertus Petri de Radmnske frater monasterii de
Mechovia dt. 4 gr.

1) Fingersig.

Bartholomeus Alberti de Lowycz fr. ord. Premonstratensis dt. 1 gr.

Clemens Svanthoslai de Mechovia ord. s. sepulcri dt. 3 gr.

23 a. Worcislaus Nicolai dicti Kaczorac heredis de Czarnocin dt. 8 gr. totum.

29 b. Sbigneus Johannis de Olessznicza dedit totum. Etwas spät. Hd.: episcopus Cracovien. 1406.

23 b. Martinus de Gorzislavicze prepositus Poznaniensis 6 gr. dedit.

23 b. Clemens Stephani de Scarbislavicza rector ecclesie ad S. Paulum in antiqua Sandomiria promisit. Derselbe erscheint zum 2. Male S. 25 z. dems. J. mit der Bemerkung: 6 gr. dedit.

24 a. Vczeslaus de Lupstow presbyter promisit.

24 a. Gregorius Martini rector parrochial. eccl. in Sonsko 2 gross. dedit.

24 b. Frater Lucas de Tyncia ord. Bened.

24 b. Frater Petrus de Tincia ord. Bened.

24 b. Fr. Clemens de Tincia.

24 b. Fr. Cristanus de Lynda ord. Cistercien. 5 gr.

25 Clemens rector s. Pauli in antiqua Sandomiria 6 gr. dt.

26 a. Nicolaus Georgii de Vngaria de Kayrt (?) baccal. in medicis alias judicis dictus. 1407.

26 b. Frater Johannes Episcopi ordinis praedicatorum.

26 b. Frater Petrus Weychman ord. praedicatorum 1407.

26 b. Frater Thomas ordinis Praemonstraten. monasterii S. Vincencii.

27 Nicolaus de Canczin presbr. psalteriata in castro dt. ferionem.

28 a. Jacobus (Henrici notarii [1])) de nova Sandecz dt. 6 gr. 1408.

----

1) Ueber der Zelle von späterer Hand.

29 a. Stanislaus Nicolai heredis de Ludbrancz d.
6 gr. 1409.

30 a. Nicolaus prepositus Sanfloriaanensis nihil dedit
1410.

30 a. Nicolaus plebanus omnium sanctorum in Crac.
d. t.

30 a. Paulus vicecustos Cracoviensis.

31 a. Petrus rector parrochial. ecclesio de Jaroslavia 9 gr.
dedit, 1411.

31 a. Thomas Miroslai de Bodzancino 8. Am Rande
rechts: qui postea fuit rector oniversitatis Cracov.
Am Rande links: canonicus a. Floriani 1434.

31 a. Gregorius Marczisli hared. do Trzebnicze pro-
mittit.

31 a. Przeclaus Stanislai herod. in Luczki prout.
Otto Zegote heredis de Piadri (?) prom.
Prandota Grottonie heredis de Jancovicze prom.

31 a. Fr. Laurentius de domo s. Marci in Cracovia ordinis s. Augustini

31 a. Fr. Gabriel einsdem ordinis et domus.

31 a. Martinus Alberti de Ruscza prom. [1])

31 b. Elgerus rector ecclesio de Pulsnicz Wratislaviensis
dyocesis d. 6 gr.
Jacobus Pauli heredis de Scotniki.

32 a. Jacobus Pasconis de Pyotrkovia d. 7 gr. 1411.
(Fingerzeig).

33 b. Boguslaus rector parrochialis ecclesie in Sczawinzis.
1412.

35 a. Herbordus Herbordi here do Pulsteyn 6 gr.
totum.

35 b. Johannes do Canty a. 3 gr.; daneben gross geschrieben: Kanthi. (Es ist dies der h. Joh. Canty)
1413.

36. Martinus vicarius ecclesie Kelczien. collegiato.

36. Petrus plebanus de Radom.

1) Fingerzeig.

38 a. Johannes Furman canonicus Poznaniensis d. 6 gr. 1414.

39 a. Michael Symny de Kalis altarista.

39 b. Matthias rector ecclesie de Brzini d. t. Andreas canonicus Leopoliensis d. t.

40 a. Fr. Jacobus monasterii S. Francisci. 1416.

40 b. Fr. Johannes Grameschecz dt. totum de Wratislavia canonicus regularis.

40 b. Fr. Jodocus de Czegonhala canonicus regularis dt. totum.

Andreas Boguslai de Grodicz rector ecclesie in Lanczno.

41 a. Johannes Dobkonis de Elgoth dedit totum.

41 a. Andreas Alberti rector ecclesie de Czerequicza dt. 6 gr.

41 b. Zu oberst (a. 1417). „Rectoratus M. Scholteti sub quo intitulatus est illustris princeps et dominus dominus Alexander filius illustris principis et domini domini Symoviti ducis Masovie.

41 b. Bernhardus Hesse de Cracovia dedit totum; am Rande ein Merkzeichen. 1417.

41 b. Ambrosius Wantropa de Strelicz dedit totum. Lutbogneus Predvogii de Thokarij p. (= promisit); am Rande Fingerzeig.

41 b. Dominus Michael plebanus de Tesschin d. t.

41 b. Johannes Pauli heredis de Grochowiska et civis Cracowiensis d. t.

42 a. Dominus Marcus Johannis de Thesschin altarista de Nysa d. 7 gr.

Fr. Johannes Wale ord. Cisterciens. monasterii de Oliva baccal. in artibus studii Erfordensis d. t.

42 a. Nicolaus rector ecclesie de Lencza d. 3 gr.

42 a. Marcus Alberti de Cunyn canonicus Sandomiriensis dt.

42 b. Fr. Thomas de Claratumba d. t. 1418.

42 b. Item dominus Deralaus scolasticus Wladislaviensis et canonicus Cracoviensis.

42 b. Fr. Cyricus de Cop(ro)p(ni)cia (?).

Lanrencins Stanislai de antiqua Wladislavia scolaris
tunc domini rectoris d. t.
42 b. Stanislans Nicolai de Cracovia servitor universitatis.
Johannes de Hyswola sacerdos d. g. 3.
Fr. Johannes Steynkeler de Wratislavia ordinis Pre-
monstratensinm d. t.
43 a. Jacobns de Chelm prebendarins sancti Martini
dedit totum octo grossos.
44 a. Andreas de Bnyn dedit. Am Rande: Hand mit
Bischofstab. 1419 a.
44 b. Thomas (Prandothe [1]) de Strzampyno dedit totum
(unlerstrichen); am Rande: 1460 (in arab. Ziffern)
episcopns Cracov.
44 b Dominns Martinus de Paczonow vicar. Cracoviensis.
45 a. Michael prepositus de Nowetroky d. t.
45 b. Johannes) fratres de Ostrorog dederunt sil. un.
Stanislans) 1419 b.
Adam de Sluszewo rector ecclesie in Mangnuszewo
dt. t.
46 b. Fr. Nicolans Johannis de Jawrnik 1420 a.
47 Fr. Johannes de Clara tnmba d. 4 gr.
Jacobns Ir. de Paradiso [2]) d. t.
Fr. Stanislans Surow (?) d. 4 gr.
Fr. Petrns de Luckna d. 5 gr.
Fr. Johannes de Landa d. 5 gr.
48 Fr. Johannes de Colboczt d. t.
48 Stanislans de Andrzeow d. 4 gr.
Johannes baptistatus ex Judaismo de Crac.
48 Georgins Domenici de Legenicz baccalarens d. t.
1420 a.
Fr. Leypoldns Nicolai de Copriunicia monasterinm
dt. 4 gr.
49 Fr. Johannes de Obra dt. 5. gr.

1) Zusatz. 2) Winter, Die Cistercienser d. n. ö. Dentschl. 8, 139.

42

50 Johannes de Lubana canonicus Cracoviensis fertouem
1420 b.
Fr. Petrus de superiori Glogowia.
Fr. Petrus de Oppel.
Johannes Lutkonis de Brzeszye dedit totum.
Später: Hand mit Bischofstab und die Worte: episcopus Crac. de anno 1464.
51 Dominus Johannes canonicus.
D. Joseph can. Wratisl. filius quondam Petri Rac-
kimberg de Trebnicz 8.
52 Fr. Hermannus bacc. theol. formatus.
Sehr sorgfältig eingetragen mit Fingerzeig: Dominus
Stanislaus palatini prepositus Sand(omiriensis) soluit
totum. Am Rande: Czoluk episcopus Poznaniensis.
Fr. Nicolaus ordinis predicatorum magister arcium
sacre theologie baccalarius.
53 Johannes Frederici de Xansz plebanus in Wischo-
ticze dedit totum.
Johannes Woyttouis pleb. in Bratslaw dedit 3 gr.
55 Petrus Andree de Schadek presbyter.
57 Frater Nicolaus ordinis Cisterciensium de Clara tumba
dt 1 gr.
58 a. Nicolaus Lauthman can. Poznaniensis a. 1421 b.
58 a. Bogislaus Laureutii prepositus s. Spiritus extra
muros Poznanienses s. t.
58 b.: Anno quo prius ¹) Sandko plebanus in Syradia
Gneznensis diocesis die 7 mensis Decembris est hic
intitulatus hora nona presente prefato domino
Thoma rectore me Boguslao Laurencii de Lekna
clerico Gneznensis dioceseos notario publico et Theo-
drico Alberici de Wawrzinczycze et Clemente Andree de Turnowicze laico.
58 b. Fr. Johannes de Mogyla d. 4 gr. et promisit.
60 Stanislaus Clementis de Kazimiria Fr. ordinis Premonstratensis ae Brzesko. 1422.

1) 1421.

62 Albertas Labisky canonicus Cruswiciensis d. t. 1423 a.

64 Franciscus Ade de Orzek decanus Premialian. d. t.

65 Sandiwogins Budiskonis de Czechel d. t. 1423 b.

67 a. Johannes Nicolai notarii de Opol d. 8 gr. 1424 a.

67 a. Fr. Symon Adalberti de Andrzeyow d. 4 gr. 1424 a.

67 b. Nicolaus Craach plebanus in Tyncz d. 8 gr. 1424 a.

68 a. Georgius Petri Derskowicze de Olzna bacc. arcinm de Lipsko d. 8 gr. 1424 b.

68 a. Fr. Johannes de Suleow d. 4 gr.

69 a. Wencealaus rector ecclesie de Odrowansch soluit t. 1425

69 b. Petrus Woyslai de Potrzonow rector ecclesie in Cazimirz dioc. Poznan. 8 gr.

69 b. Nicolaus Borcowicz de Bolinyn canonicus Wratislaviensis dedit 8 gr.

70 a. Albertus Petri de Oppatow servitor communis universitatis.

77 a. Fr. Nicolaus ordinis sancti Franciaci.

71 b. Fr. Jacobus ordinis praedicatorum. 1426.

72 a. Johannes Johannis de Sprowa dedit 6 gr. (Späterer Zusatz: 1464 Gnezn. archiepiscopus fuit). 1426.

73 a. Jaroslaus Petri de Kankolew canonicus Gnezneasis et Wratisl. venit eiusd. rectoratus anni feria sexta ante Reminiscere.

73 b. Fr. Gregorius lector conventus Wilnensis ordinis fratrum minorum.

74 Fr. Michael Herer Henrici ord. fratrum praedicatorum de Wratislavia. 1427 a.

74 Fr. Johannes Jankewicz ordinis praedicatorum Nicolai de Wratislavia.

74 Fr. Andreas Jacobi ordinis praedicatorum de Golwbia.

74 Dobrogostins Sandywogij de Ostrorog d. 8 gr.

74 Frater Georgius Stanislai ordinis praedicatorum de Strelin.

75 a. Henricus Henrici de Stampin canonicus Wratisl.
d. t 1427 a.
Fr. Nicolaus Rudzik ord. Praemonstr. monasterii
Gradicensis d. 5 gr.

75 b. Johannes adoptatus per Reverend. patrem dominum
Johannem archiopiscopum Leopoliensem d. 2 gr.

76 Matheus Woythkonis Dw(e)cz (sic) de nova ecclesia
procurator generali consistorii Cracov. d. t. 1427 b.

76 Petrus Borassa de Walowicze plebanus in Rein(?) d. t.
Johannes Lobegerus de Crosna arcium baccal. studii
Wysnnensis d. 6 gr.

76 Fr. Nicolaus de Mogila d. 4 g.

78 Dirzlaus Petri de Oleschnicza prepositus Wisliczensis
et canonicus Cracoviensis d. t. 1428 a.

78 Nicolaus Woytkonis Du(e)cz de Rathibor dedit 1 gr.

78 Johannes Johannis Dlugossy de Nedzelsko soluit
unum fertonem. (In der Handschrift mit Minium unterstrichen und durch einen Fingerzeig bezeichnet.)

79 Johannes Dartholomei de Wratislavia altarista ad
sanctum spiritum d. 4 lat. gr.

79 Jacobus Stanislai de Schadek soluit unum fertonem.
(Mit Minium unterstrichen und mit Fingerzeig versehen).

79 Johannes Johannis heredis de antiqua Keschaw d. 6
gr (Unterstrichen; Fingerzeig.) Zusatz: a. d. 1471
in episcopum Cracoviensem eloctus. Zweiter Zusatz:
et mortuus est a. d. 1488.

80 Fr. Nicolaus Johannis de Cracovia ordinis fratrum
de penitencia sanctorum Martirum sub regula sancti
Augustini dedit 1 gr.

81 Andreas Gregorii de Radom frater monasterii s. Marci.

81 Dominus Dirzlaus heres in Rytwoni filius magnifici
domini Marczyssy olym palatini Lanciciensis, nepos
reverendissimi in Christo patris ac domini domini
Alberti archiepiscopi dedit 1 florenum in auro. (An der
Spitze der „commutatione sequenti" d. i. 1428 b.
eingetragenen Scholaren.)

81 Dominus Sandlwogine Nicolai Kothwicz de Szikorzino
1428 b.

Albertus domini Wladislai de Slawoczi.

M. Martinna Symonis de Oleschaw.

Clemens Bozato her-dis de Gorschicze dt. 4 gr.

82 Fredericus Frederici Waczilroth de Thorun dedit 4 g.

82 Gregorius Petri do Sanok dedit 4. g.

Dominus Philippus Nicolai de Oppatow d. 3 gr.

83 Stanislaus scolasticus Sandomiriensis Johannis de
Lyszino totum 1429 a.

83 Johannes de Mochovia frater ordinis sepulcri dominici Jehrusalemitani.

83 Michael Francisci de Florencia; etwas spätere Hand:
dedit unum florenum Thoronensem postea abbas
sancte trinitatis et incorporator ecclesie sancti Nicolai pro bono universitatis.

83 Sthephanus ordinis s. Dominici de monasterio sancte
trinitatis 1 gr. dedit.

Nicolaus Nicolai scriptoris (alias legatoris librorum) [1])
de Cracovia 1 gr. d.

84 Paulus Dobeslai heredis de Syeuno dt. florenum.

85 Petrus de Gryssa de ordine beate virginis Carmilitarum 1429 b.

Clemens Petri de ordine beate virginis Carmilitarum.

86 Petrus Stanislai de Bresyni dt. gr. [prepositus Przemisliensis [2])]

87 Petrus Mirabilis credo de Vydana (d. steht 1430 a
oben an und ist unterstrichen.)

Zavissius Zavischij de Borachovicze canonicus Wla-
dimiriensis d. t. 1430 a.

88 Nicolaus Petri de Wgantruaszel sacristanus ecclesie
s. Marie d. 2 gr.

89 Demetrius Johannis de monasterio Bani d. 1 gr.

89 Paulus Sleczewyk civis Cracoviensis d. t.

Johannes Pauli filius predicti s. t.

---

1) Das Eingeschaltete später angefügt. 2) Späterer Zusatz.

90 Nicolaus Camyecz altarista de Gleywycz.
91 Fr. Johannes Wynandus ordinis predicatorum 1 gr.
97 Nicolaus Roll custos Rathiboriensis d. 4 gr. 1432 b.
97 Mathias Malik de Rathibor altarista et vicarius ibidem d. 4 gr.
   Fr. Johannes dictus Solda Bohemus ord. fratrum predicatorum, professus a. Marie in praeurbio Graczensi Pragens. dioc.
97 Petrus plebanus de Prochnik Primislien. dioc.
98 Johannes Johannis custos Rathiboriensis d. t. 1433 a.
   Martinus Johannis de Kalynowa canonicus Gneznensis et plebanus de Kolblow.
   Andreas Johannis de Lychin canonicus Gneznens. d. 8 gr.
   Johannes Johannis de Lychin d. 8 gr.
99 Bernhardus Martisszy heredis de Bydzymy 3 gr. 1433 b.
   Thomas Floriani heredis de Wyossinky 3 gr.
   Wenceslaus Johannis de (?) heredis de Szlrchowo d. 4 gr.
   Laurentius Johannis heredis de Ulanowo d. 4 gr.
   Michael Nicolai heredis de Burzym d 4 gr.
   Paulus Pauli heredis de Sczapanowycze 4 gr.
   Sthephanus Thome heredis de Stanlslavicze 2 gr.
   Stanislaus Nicolai heredis de Spythary 1 gr.
101 Nicolans Schonkromar prepositus Glogovien. superior. s. t. 1434 a.
   Nicolaus Nicolai de Lankoschino, qui fuit in Bohemia.
   Johannes Laurencii Zaschconis de Sleschovicze can. Ratiboriensis.
   Fr. Martinus ord. fratrum predicatorum de Dobschicze.
102 Paulus Jacobi Glambscha plebanus de Swybye d. 6 gr. 1434 b.
103 Petrus Martini de Gezewo subiudicis Zacroczimiensis d. florenum.
108 Mathias Gothardi de Blandowo t. d. Zusatz: decret. doctor.

105 Oswaldus Johannis de Conchalaaya d. 3 gr. 1435 a,
Zusatz: Dedit idem quinque gr. pro finali solucione
mihi Der. de Bo. tunc rectori 1498 (in arabischen
Ziffern).

106 Nicolaus Andre* de Staw d. 4 gr. Späterer Zusatz
links: Fingerzeig, rechts: sacre theol. professor.

110 Stanislaus Andr*e de Zavada s. t. 1436 a. Links:
ᴶᴿᶜ ᴱᴾᶜ rechts: sacre theologie professor obiit a. Chr.
1491 sabbato post a. Stanislai in Malo XIV. Maii.
Michael Michaelis Buczaksky t.

110 Stanislaus } can. Gneznensea Mathie de Byelavi solu-
Petrus } erunt.

112 Muthias plebanus de Crzepicze s.

112 Fr. Nicolaus Forster de Caluomonte.
Fr. Vlricus de Vildeshozen baccal. formatus soluit.
Fr. Clemens ord. predicatorum soluit 2.

113 Albertus alius Letanum scruitor communis universitatis alias Lelabundus. 1436 b.

115 Johannes Plastewik de Heilsbigi 4 gr. } neben einander
Johannes Bortholdi de Rezel 4 gr. } 1437 a.

117 Martinus Adalberti de Oppel vicarius curatus Teutonicorum baccal. arcium universitatis Lipcensis 1437 b.

117 Jacobus de Gueczischewo baccalareus artium d. t.

119 Frater Fridericus Cristani de Malharstat de novo
monasterio extra muros Cracov. d. t. 1438 a.

120 Johannes de Podolyno canonicus de monte s. Martini
de Czepusio 1438 b.

121 Paulus de Schadek d. 2 gr. Viel späterer Zusatz:
confessor regis pleb. In Prossvit (?).

122 Johannes Dobrogostii de Colno bacc. universitatis
Lypsen. d. t. 1439.

122 Paulus de Lupsicze servitor universitatis d. t. 1440 a.

122 Jacobus civis et consul Cracov. filius Nicolai.
Jacobus Jacobi eiusdem consulis de Cracovia dederunt ¹/₂ lap. cer.

123 Johannes Stanislai de Scarbimiria d. t.
Martinus Johannis de Przamislia d. 3 gr.

124 Philipus Czenkonis de Elgoth canonicus Wratisla-
viensis d. t. 1440 b.
Blasius Emerici de Fendes archidiaconus ecclesie
Agriensis d. t.

125 Nicolaus de albo castro Spirens. dyoc. ⎫ d. t.; venerunt
Othmarus Opilionis de Jawor ⎫ germani │ 21. Apr. a. 41
Blasius Opilionis de Jawor ⎰ ⎪ [cantores reve-
Bartholomeus Nicolai de Auris ⎰ rend. patris do-
Johann. Andree de Auris ⎫ germani ⎬ miniStignetiCra-
Mathias Andree de Auris ⎰ ⎭ cov. episcopi. 1).]

125 Vincentius Skul Johannis de Slupy altarista altaris
beate virginis in Nissa et s. Dorothee in Jawor s
Philippi et Jacobi apostolorum in Frankenstein.

126 Petrus Derslai de Ossowa prepositus Kelciensis et
canonicus Velunrusis et Scarbimiriensis Gneznensis
et Cracoviensis ecclesiarum d. t. 1441 a.
Johannes Martini de Rithwani olim palatini Lanciciensis canonicus Gneznensis ecclesie dedit sertonem.
Mathias Andree de Cobitino d. t. 2)

127 Fr. Stanislaus ordinis s. Francisci de Cracovia.

135 Petrus Johannis de Zaczrzew plebanus in Schidlow
5 gr. 1442 a.

136 Johannes domini Vigandi castollani Czirnensis de
Ostralanka t. d.

138 Janusius Hurkonis dux Rossie prepositus Velunensis
et canonicus Varschowiensis t. a. 1442 b.
Petrus Vincencii de Czekczino plebanus de Jamnyk.
Johannes et Petrus strennui Alberti de Gora 14 g. d.
Matheus Michaelis de Garo. Zusatz: plebanus in
Varadino mgr. arcium.
Nicolaus Derslai de Soleczinky 5 gr. d. totum.
Späterer Zusatz: episcopus Vilnensis.

139 Johannes Mathie de Ilkuscz soluit totum 2).

140 Fr. Paulus ordinis predicatorum.
Mathias Clementis de Costen 3 gr. postea dedit 3 gr. 2).

1) Andere Hand. 2) Fingerzeig.

141 Fr. Bartholomeus Martini de Crac monasteril s. Francisci d. t. 1443 a.

141 Laurencius frater minorum de ordine s. Francisci.

142 Fr. Isayas de sancta Katherina ordinis s. Augustini dedit totum.

143 Fr. Michael canonicus Sandomiriensis et plebanus ad s. Paulum extra muros ibidem.

143 Mathens Martini de Canthy d. t. 1443 a. (unterstrichen.)

148 Fr. Nicolaus Nicolai Germen de Glogovia ordinis s. Francisci d. 1 gr. servitoribus. 1445 a.

151 M. Marcus Boniflij precentor Barsolensis sacre theologie professor de Cathalonia domini regis Ar.,gonum de villa Castillionis dioc. Gerundensis 1446 a.; vgl. den Rector dieses Jahres.

151 Johannes de Juveni Wladislavia plebanus de Crobya scriptor sacre penitentiarie sacri Basiliensis concilii et sanctissimi domini pape Felicis quinti.

152 Fr. Mathens Valandr de Gdansk ordinis Carmelitarum d. 3. gr.

153 Johannes Keyl de Lamberg altarista de Ziltavia.

153 Andreas Johannis de Oleschnicza domini palatini Sandomiriensis t. s. An der Spitze von: 1446 b.
Johannes Nicolai de Opavia dioc. Olomucens. canonicus sancte crucis in Wratislavia d. t.

154 Andreas Stanislai de Sokolniky plebanus de Trzeczssch Wratisl. dioc. 4 gr.

154 Petrus Gaschowicz de Strzelecz dedit quatuor gr. Spätercr Zusatz: doctor medicine Ha⁰ (sic).

154 Sereniasimus princeps Przemko dux de Opavia soluit. Links eine Krone. An der Spitze des J.: 1447 a.

155 Fr. Petrus Johannis Ersbark de Mogyla.

156 Johannes filius strenni Joh. Colo de Daleyow d. 8 gr.

156 Johannes Johannis Dlugosz de Nyedzelsko.

157 Jeronimus Beckenaloer canonicus Wratislaviensis dedit florenum totum.

158 Fr. Henricus de Campifiorum ord. praedicatorum d._. 4 gr. 1447 b.

158 Swanthoslaus Jasskonis de Woycicze plebanus Bochnensis d. t.

159 Georgius frater ordinis monasterii Sancti Vincencii
extra muros Wratislavienses d. t. 1447 b.

160 Fr. Nicolaus de Trebnycz ordinis s. Bernhardi d. t.
(unterstrichen).

160 Georgius Andree pistoris de Piskowicze plebanus de
Czudrcz d. t. 1448 a.

161 Anthonius frater minorum de monasterio s. Fran-
cisci Cracov.
Stanislaus frater minorum de monasterio s. Francisci
Cracov.
Jacobus frater minorum de monasterio s. Francisci Crac.
Fabianus frater minorum de monasterio s. Francisci Crac.

162 Clemens Nicolai de Mislimicze rector ecclesie in Gora
dedit totum.

162 Oben an (vgl. den Rector des J.): Nicolaus Bilia Stanislai de Leaczun d. t. 1448 b.
Johannes Fochs de Prussia canonicus Warmiensis.

163 Andreas Bartholomei de Zemachow ordinis Czyster-
ciensium d. 4 gr.
Frater Martinus Clementis de Suleyow ordinis Cysterciensium d. 4 gr.

164 Fr. Johannes de Wanchoczko ordinis Cysterciensium
dedit michil (sic).
Fr. Johannes de Wangrowcz ordinis Cisterciensium
d. 4 gr.
Derslaus Michaelis de Carnicze d. t. [späterer Zusatz:
postea de a. d. 1471 Bononie de mense Januario
factus doctor utriusque iuris venit Poloniam eodem
anno collector apostolicus existens iam scolasticus Plocensis et canonicus Cracoviensis.]

165 Johannes palatini de Tanczin dedit flor. 1449 a.
Nicolaus Michaelis de Lubrancz pallatini dt.

167 Johannes Johannis Tawt de maiori Glogovia canonicus Albensis Jule soluit florenum.
Benedictus Nicolai Jonsdorff de Wratislavia s. t.

167 Frater Nicolaus de Andrzeow 3.
168 Vincencius nobilis Alberti Malsky 13 gr. 1449 b.
169 Fr. Johannes de Paradiso totum 1450 a.
　　Conradus frater de Wangrowecz totum.
170 a. Fr. Martinus Johannis de Poznania.
170 a. Fr. Berchardus Johannis de Dauczke totum.
171 Romanus Nicolai Advocati de Opawia 4 gr. s. 1450 b.
　　Andreas Pauli Modrer capitanei de Nagyda castro
　　8½ gr. s.
　　Nicolaus magnifici Predborii de Conyeczpole s. t.
173 Zu oberst: Magister Paulus de Praga doctor arcium
　　et medicine totum 1451 b.
174 Zawissius Bogussy palatini Wladislaviensis d. t.
175 Fr. Nicolaus de Lubenz ord. Cisterciens. totum.
176 Fr. Georgius de Andrzejow 5 gr. 1452 a.
176 Fr. Johannes de Landa 5 gr.
178 Laurencius Laurencii militis de Nissa plebanus in
　　Cegenhals d. t. 1452 b.
178 Michael Paskonis de castro Cracoviensi d. t.
179 Fr. Nicolaus Cedlecz de Boleslavia d. 4 gr.
170 Georgius Johannis Kal de Nowothanyecz dapiferi
　　torre Sanocensis d. 4 gr. 1453 a.
180 Petrus Ade castellani Gostinensis heres de Czirz-
　　nyewo s. t.
　　Gregorius Magistri Nicolai maioris de Poznania d. t.
181 Sandivogius magnifici domini Johannis de Thanczin
　　pallatini Cracov. s. t.
181 Petrus Nicolai Seraphyn zupparij Cracoviensis de
　　Cracovia d. t.
181 Petrus Jacobi vicezupparij Bochnensis de Cracovia d. t.
181 Andreas Nicolai Roza de Borzischovicze magist(ri
　　od. er?) coquine regie t. d.
182 Vriel Luce de Gorka custos Lancicensis et cano-
　　nicus Poznaniensis s. t. 1453 b. Späterer Zusatz: epis-
　　copus Poznaniensis.
182 Sbytho Sbythkonis s. t. Andere Hand: de Melschin. (sic).
182 Johannes Alberti de Michovia decanus Opathoviensis d. t.

4 *

182 Petrus Stanislal de Hadzeschow d. 1 gr. Spaterer Zusatz: altarista ad s. Mariam fr. (?) doctoris Sl** (?).

183 M. Andreas Ruperti de Nissa univeraitatis Erfordensis magister d. t. 1454 a.

183 Fr. Martinus de Koprovuicia d. t. 1454 a.

183 Sbigneus Johannis de Oleschnycza d. t.

183 Jacobus Johannis de Conyeczpolo s. Floriani prepositus d. t.

183 Fr. Mathias de Wratislavia ordinis predicatorum.

183 Fr. Mathias Alberti de Ossza ordinis s. Augustini.

184 Johannes Viucentii de Baruchowo d. 8 gr. Spaterer Zusatz: archid. Cracov. und Fingerzeig.

184 Fr. Michael de Gdanczk ord. Carmelit. d. t.

184 Allexander princeps Allexandri do Russia d. t. An der Spitze von 1454 b.
Johannes de Pylczycza filius Thome heredis ibid. 3 gr.
Bilina Symonis heredis de Lobnycza.
Henricus Sbignei castellani Ilosperiensis de Gora.
Albertus nobilis Michaelis de Rorow gr. d.

185 Johannes Alberti nobilis de Salbkowicze.
Stephanus Johannis nobilis de Schematkow.
Petrus de Sandecz Forstek ordinis fratrum minorum fr. gr. 1 d. 1455 a.
Nicolaus de Cracovia frater ord. fratr. minorum gr. 1 d.
Johannes Grzymale nobilis de Nyeuawi d t.

185 Thomas nobilis Nicolai de Grodzysky d. t.
Johannes frater germanus eiusdem d. t.
Nicolaus nobilis Andree de Luczslawiczo d. t.

186 Johannes Kameruw plebanus de Scbyffeubork d. 3 gr.
Mathias Johannis heredis in Wosznyky d. t.
Johannes germanus eiusdem d. t.
Fr. Johannes Bak ordinis Carmelitarum 1 gr.
Martinus nobilis Johannis Bilina do Lesczyny d. t.
Bartholomeus Pauli de Cracovia seruitoris alme universitatis studii Cracov. d. t.

187 Fr. Gregorius Heyncza ordinis predicatorum de conventu Wratislaviensi 1455 b.

192 Johannes Petri de Pykza d. 8 gr. Späterer Zusatz: canonicus cathedralis Cracov. 1456 a.

Johannes Pauli de castro Cracoviensi t.

193 Jacobus Petri de Boxicze d. 1 gr. Zusatz: canonicus Gueznensis.

193 Nicolaus Johannis de Zapalicze canonicus Cracov. d. t.

194 Dobeslaus magnifici Crzeslai de Curoswankli 6. 1456 b.
Stanislaus frater germanus eiusdem t. s.
Albertus nobilis Vincencii de Gywno d. t.
Petrus Salomonis de Cracovia 1 gr. d. Zusatz: con-
sul Cracoviensis.
Petrus Mathie appothecarii Gross t. d.

195 Wladislaus Alberti de Poznia canonicus Poznaniensis.

196 Nicolaus Laurencii de Slupcza notarius domini rec-
toris d. t. 1457 a.
Boguslaus Pauli de Wartha prbr. et altarista s.
Marie d. t.
Johannes Stanislai Zak de Cracovia d. t. Zusatz:
notarius Leopoliensis.

197 Venerabilis dominus Michael Lassotzky scolasticus
Gnesnensis s. t.

198 Stanislaus Benedicti de Zyelonky dedit [6 gr. durch-
strichen]. Hand b.: nobilis et famosus servus universitatis soluit totum alias quadraginta grossos. Hand c.
darüber: qui dicitur Sapientia dedit nl. (sic). Darunter Hand c.: sive marca; menlitur, links am Rande
Hand d.: Sapientia summus doctor sceptriger universitatis. 1457 b.

199 Nicolaus Teuchen de Nissa d. t. Zusatz: canonicus
et officialis Wratislaviensis.

200 Mathias Jacobi de Labyschin. 1458 a.

202 Ercolaus Johannis palatini Cracoviensis s. t.

203 Sigismundus Rethiborii cancellarii Plocensis de Go-
leyow canon. cathedralis et s. Michaelis Plocensis s. t.

206 Johannes Bartholomei de Osswanczim [1]) 3 gr. später:

1) Unterstreichen, Fingerzeig.

t. custos ecclesie s. Floriani sacrarius dictus, noch
später: postea canonicus Cracoviensis. 1459 a.

208 Raphael Petri de Prochnyk 2 gr. 1459 b.

209 Albertus Johannis Krethlowsky palatini Kuyaviensis d. t.
Fr. Albertus ordinis Carmellitarum de Poznania a. l.
Crzeslaus de Curoszwanky d. 5 gr. Späterer Zusatz:
cancellarius regni Polonie et episcopus Wladislaviensis.
Johannes de Curoszwanky d. 5 gr. fratres germani.
Valentinus de Ilknsch s. t. canonicus Cracoviensis.

210 Martinus Nicolai generosi de Zydlin t.
Johannes Smygelsky de Buyu heres in Goworzow
medium.
Paulus Johannis de Uawlow canonicus 3 gr. (s. t.
spätere Hinzuiügung). 1460 a.

212 Bartholomeus Nicolai de Lubensz frater ordinis Cyster-
cyensium 1 gr.
Georgius Ade de Crosna vicenotarius Cracoviensis 2 gr.
Ladislaus Georgii notarii Budensis 4 gr.

213 Thomas Wyszothe plebanus in Chlew 2 gr.
Valentinus de Zathor Cracov. dioc. acta presbyter 4 gr.

213 Albertus Swathoslai de Dobrinicze acta studens s. t.

214 Johannes Alberti de Male filius Palatini Syradiensis
d. t. 1460 b.
Philippus Martini de Vleszye acta presbyter d. t.

215 Johannes Stephani de Reguly 1 gr. d. (später lotum);
späterer Zusatz: doctor med. et consul Crac. 1460 b.

216 Johannes Eschenlower de Wratislavia d. 8 gr.

216 Jacobus Luce de Gorka palatini Pozuaniensis filius d. t.
Johannes Zayauczek heredis Petri et castellani de
Wracza(r?) d. t. 1461 a.
Nicolaus heredis Pauli de Ganszyno 2 gr. d.

217 Raphael nobilis Raphaelis Slawezky 2 gr. d.

218 Petrus Borek de Osseczna castellani Nakyenensis d. t.
Sandiwogius nobilis Johannis de Dambrowa d. 2 gr.
Bartholomeus nobilis Nicolai de Boyanicze 2 gr. s.
[später: s. t.]

218 Albertus nobilis Johannis de Krzemyenicza d. t.

219 Albertus Alberti de Surkow magister Parisiensis.
221 Johannes Alberti de Skavina 8 gr. (später: totum.)
Später Zusatz: collegiatus canonistarum 1489 ipso
die ad vincula s. Petri et canonicus Sbarbimirien-
sis. Fingerzeig. 1462. s.
223 David Jacobi de Myrziniaz; späterere Hand: Magister
arcium liberalium; gleichzeitig: totum. — Fingerzeig.
Nicolaus Petri de Lathovicz 4 gr. Hand b: s. t.
Hand c.: collegiatus maioris collegii LXXIII. die
Sabbatho ante purificacionem.
225 Fr. Nicolaus de Paradiso t. d. 1463 a.
Fr. Johannes de Henrichow t. d.
226 Johannes Waltheri magni procuratoris castri Cracov t. s.
Fr. Simon de Lubens nihil dedit.
Fr. Emericus ordinis Praemonstratensium de monasterio s. Crucis d. 5 gr.
227 Nicolaus Gumprecht advocati de Vyazd 8 gr. dt.
Fr. Valentinus lector sacre theologie ordinis s. Francisci et frater Martinus eiusdem ordinis.
Gregorius de Quinque ecclesiis recepit signetum contra
Benedictum civem de Sandecz pro quo dedit sedecim gr.
228 Anthonius Johannis de Varj bacc. Wycinens. 4 gr d.
229 Mathias Blasii de Schidlow d. t. Zweimal unterstrichen. Fingerzeig. Hand b. aus dem Beginn des
16 Jh.: insignis eloquencie vir, sacre theologie professor canonicus Cracoviensis predicator verbi dei
acceptissimus.
230 Lucas Luce de Thorun dioc. Culmensis 4 gr. 1469 b.
Später links: episcopus Varmiensis.
232 Fr. Matheus de Kamencz ord. Cisterciens. dioc. Wratisl.
d. nihil 1464 a.
Johannes Andree de Byskycz s. t. Hand b. links:
canonicus Olomucensis. Hand c. über der Zeile: dasselbe.
Jacobus Johannis de Modla dioc. Plocensis 7 gr.
Links Hand b.: decanus Lipowyecz. Fingerzeig.
233 Fr. Johannes Laurencii de Hanonia ordinis Cisterciens. 4 gr. Später: totum.

Fr. Stanislaus de Poznania sutoris Capusta ordinis fratrum s. Marie de monte Carmelitarum d. 1 gr. Johannes Johannis Rodzina de Czaruka altarista de Byarkm IVIII (sic).

Fr. Stephanus Blasij de Schobeszkanysza d. (=diocesis) Wasprimiensis (2 gr. später durchgestrichen und gesetzt: totam.)

234 Preclarus princeps Przyemislaus dux Oppawie d. t. 1464 b. An der Spitze des Halbjahres; links: eine Krone.

234 Johannes Smogir cappellanus albi ducis s. t.

235 Fr. Theodricus de Wangrowyecz ord. Cistercien. gr. Andreas subdapiteri de Praudnik 3 gr. d.

235 Fr. Stanislaus de Jadrzeyow ordinis Cisterc. 3 gr. d.

237 Fr. Michael de s. trinitate ordinis predicatorum t. d. 1465 a.

237 Johannes Bartholomei de Xauuz prepositus s. Hedwigis.

237 Jacobus Petri nobilis de Badochoncze s. t. Andreas Ribka frater ordinis predicatorum. Bernardus de Mogylnicza frater ord. predicatorum.

238 Thomas de Culmoch canonicus Lubucensis s. t.

239 Albertu. Jacobi de Hopcz_{icze} ecclesie sancti Nicolai servus s. t. 1465 b.

240 Nicolaus Nicolai Glaser de Sweynicz clericus Wratislaviensis s. t. Franciscus Nicolai de Bealthek magnifici baronis in regno Hungarie.

Fr. Johannes Swyerzyna ordinis predicatorum s. t.

241 Zu oberst: Petrus Walteri procuratoris magni regie majestatis de Cracovia d. t. 1466 a.

Fr. Jeorgius Trost ordinis Carmelitarum ⎱
Fr. Martinus de Goriga (?) ordinis eiusdem ⎟
Fr. Henricus de Gdansk ordinis ciusdem ⎟ solverunt totum
Fr. Mathias de Posnania ordinis prelacti ⎬
Fr. Michael de Posnania ordinis prescripti ⎟
Fr. Georgius de Costen ordinis eiusdem ⎟
Fr. Martinus de Thacbovia ordinis prescripti ⎰

57

Fr. Goorgius Leonardi Cracovita monachus Koprovniciensis monasterii ordinis Cistercionsis a. t.
242 Fr. Andreas Nicolai Sartoris de Cracovia ordinis predicatorum e. t
244 Fr. Martinus de Miena ordiuis a. Dominici nichil dedit. 1467 a.
245 Johannes Jacobi de Wratislavia canonicus Glogov.
246 Johannes Johannis Vizmer de Wratislavia totnm. Darüber Hand b.: baccalar d.
247 Bartholomaeus Nicolai Twestorf de Hauris 8 gr. Darüber Hand b.: bacc. t.
249 Johannes Raphael de Tarnow canonicns Cracoviensis a. t. 1467 b.
249 Johannes Crzizan de Czeschka. Hand b.: bacc. d.
250 Fr. Andreas de Tuczelmuser alias de Buda 4 gr. 1468 a.
251 Jeronimus Andreo palatini Plocensis a. t.
Fr. Albertus de Lenda ordinis Cisterciens. soluit.
Stanislaus Johaunis de Przeworsko e. t. Fingerzeig.
Fr. Venceslans de Druna ordinis heremitarum a. Augustini.
Fr. Johannes ordinis heremitarum a. Augustini s. t.
Johannes Stanislai de Sydlowyecz castellani Zar. totum.
Fr. Lucas ordinis minorum 1 gr.
252 Nicolaus Calixti de Stargardia e. 3 gr. Links: ein Stern.
252 Albertus Stephani de Brodzewo 8 gr. 1468 b.
253 Fr. Paulus de Copriunicia 2 gr. 1469 a.
Fr. Nicolaus de Lubens 2 gr.
Fr. Johannes de cenobio Drzestensi 1 gr.
254 Petrus Petri de Zchucov in receptionem cirographi dedit florenum vel quasi.
257 Martinus Nicolai de Skavina d. 2 gr. latos [später: totum]. 1469 b. Fingerzeig.
258 Johannes
Potrus   } Petri de Losmyerza tunc rectoris de-
Nicolaus   } derunt totum 1470 a.
Stanislaus }

258 Simon Pauli de Brodzyno nobilis d. t.
259 Fr. Jacobus de Luckua ord. Cysterciensium arcium
bacc. stadii Coloniensis d. t.
259 Johannes Stankonis medicine doctor canonicus Cracoviensis Wratial. etc. phisicus regnis dt. florenum
ast. (sic) manu propria.
260 Mathias Alberti de Obyeczauowo manaionarius perpetuus ecclesie Gnezn. soluit totum.
Blasius Johannis de Rudnicza in Kobilnagora Gnezn.
dyoc.
Johannes Mathie de Srzoda diuces. Poznaniensis;
links von spälerer Hand: propositus ad Hedwigim.
Fingerzeig.
261 Fr. Johannes de Grissawia d. t.
262 Stanislaus Alberti Swigelsky canonicus Poznaniensis
et Johannes Jacobi de Krothesino nepotes Karissimi
patris domini Andree episcopi Poznaniensis dederunt
totum 1470 b. Fingerzeig.
262 Nicolaus Augustini Thslar de Varadino archidiaconus de Sonnok Transiluan. dioces. d. 8 gr.
262 Andreas Pauli de Jeszow villa monasterii sancte trinitatis d. t.
Generosus dominus Gabriel magnifici dni. dni. Johannis
de Thanczin castellani Cracoviensis dt. 8 gr.
Lazarus de Mnynoga domini Marci. Unterstrichen.
Johannes Luschoczsky canonicus Janciciensie plebanus
in Drzeaun d. t. Fingerzeig.
265 Samuel Simeouis de Guezna s. t. Fingerzeig. 1471 a.
267 Johannes Liganza generosi domini Stanislai Liganza
de Przerzelau d. t. Zu Beginn des J. 1472.
Nicolaus Liganza eiusdem prefati domini Stanislai
Liganza de Przeczlaw d. t.
Johannes Nicolai heredis de Zlotha d. t.
Fr. Laurencius de Coprovincia etc. dedit totum.
268 Jacobus Bartholomei de Puyewy presbyter d. t.
268 Johannes Grusczynsky de Gywanovice canonicus Gneznensis etc. d. t. 1472 a.

Philippus Culimacus de Thedaldis poeta de Florencia
d. t. Fingerzeig. (Nicht Autograph).
269 Johannes Petri Longioris de Cracovia d. 6 gr. Hand b.:
senior scabinorum Cracoviensium.
270 Fr. Symon Jacobi de Elbynk ordinis Carmelitarum
dedit 3 gr. 1472 b.
272 Stanislaus Andree de Iszlza vicarius perpetuus ecclesie Cracov. 1473 a.
Balthazar Laurencij Bem de Cracovia soluit 2 gr.
latoa. Links Hand b.: vicenotarius Cracoviensis,
274 Johannes Petri de Costen soluit totum; Hand b.:
postea electos in Sapientiam.
274 Mathias Johannis heredis de Blandow a. t. 1473 b.
Johannes Petri heredis de Blandow d. t.
Petrus Petri Wapowsky de Radothothnicza (?) canon.
Cracoviensis d. t.
275 Fr. Andreas de Cracovia de claustro s. Katherine
soluit totum.
Fr. Johannes de Wratislavia de eodem claustro s. t.
Fr. Vincencius ordinis s. Dominici de s. trinitate s. t.
276 Thonias Thome de Glowno 3 gr. Fingerzeig.
Mathias Stanislai de Miechow; 8 gr. Links Hand b.:
arcium et medicine doctor.
Jacobus Johannis de Sydlow s. t. Hand b.: senior
juris consultorum.
279 Mathias Jacobi Grodzyczky de Poznania s. t. Hand b.
canonicus Poznan. et Cracov. medicus 1474 b.
281 Albertus Petri de Schadek s. t. (rot unterstrichen).
Hand b.: baccalareus ingressus religionem Bernar-
dinorum religiose vixit. 1475 a.
281 Georgius Mathie Lythwanus de Gygywylowycze liberaliter 16 groassos d. t.
284 Nicolaus frater ord. Pauli de Bydgnstia s. t. 1475 b.
285 Fr. Leonardus de Clara prowincia s. t.
291 Fr. Georgius de Wanchoczko s. t. 1476 b.
297 Petrus Cristiani de Jlkusch s. t. 1477 b Späterer
Zusatz: doctor in decretis.

298 Fr. Johannes Michaelis de Labath   } soluerunt to-
    Fr. Crisostomus Dlaaij de Schinadio   } tam ord. pre-
    Fr. Gregorius Johannis de Alba rogali } dicat.1478a.

299 Fr. Petrus (?) Henrici de Vangrovecz s. t.
    Valentinus Andree de Wratislavia   } fratres ord. s.
    Jacobus Nicolai de Payaczno   } Francisci sol.
    Johannes Clementis de Cornovia   } tot. pro deo.
    Nicolaus Johannis de Caczkovo

300 Johannes Johannis de Cracovia s. t. Später: sco-
    lasticus Cracov. et Gneznensis Cracov. Poznan. et
    Vratisl. canonicus et rector universitatis.

301 Fr. Georgius de Coprziwnicza s. 2 gr. 1479 a.

302 Fr. Petrus de monasterio Andreoviensi ordinis Cister-
    ciensis.

302 Fr. Johannes de monasterio Vanchocensi ord. Cister-
    ciensis 4 gr.

303 Fr. Christinus ordinis Cisterciensis de monasterio
    Landansi s. t. 1479 b.

304 Fr. Nicasius ordinis Cisterciensis de monasterio Lackna
    (darüber Wangroviecz) dioc. Gneznen. 8 gr. soluit.

    Nicolaus et Johannes germani fratres filii magnifici
        domini Stanislai. Lanczkoronsky marascalci
        curie regis Polonie s. t.

(sic) Nobiles

    Johannes et Vincencius germani frater magnifici do-
        mini Spytkonis Melstinsky heredis de Mel-
        steyn filii.

    Johannes Johannis de Rokow.

    Paulus Johannis de Walyschewo soluit 2 gr.

    Johannes Nicolai de Morsko } germani nobiles solue-
    Andreas Nicolai de Morsko } runt sex gr. in solidum.

305 Nicolaus Francisci Nigri Golthberg do Bochnya ple-
    banus in Glombowycze.

    Fr. Benedictus ordinis Cisterciensium de monasterio
    Oliva terre Pomoranie dioc. Vladislaviensis s. t.

    Fr. Math. ord. Cisterc. de monasterio Suleov. dioc.
    Gnezn. s. t. (Am Rande: In diebus Maij.)

305 Sigismundus domini Thome de Jergen baronis regni

Hungarie prepositus Papuciensis et canon. Javriensis 1480 a.

Mathias Laurentii de Helleszhaz baronis regni Hungarie.

Michael Nicolai de Elbingk bacc. arcium studii Coloniensis omnes solnerunt totum.

306 Fr. Martinus ordinis Cisterciensis de monasterio Clare tumbe s t. 16. Junij.

Fr. Nicolaus de monasterio Wanchocensi ordinis Cisterciensis s. t. 26. Julii.

307 Dobeslaus Dobeslai advocati heriditarii in Pylezno nobilis genere s. t. 30. Julii.

308 Johannes maior primogenitus, Andreas secundogenitus, Johannes terciogenitus et quartogenitus Stanislaus germani nepotes reverendissimi domini et domini Johannis Rzeschowsky dei gratia episcopi Cracoviensis nostre universitatis cancellarii dignissimi filii olim magnifici domini Johannis Rzeschowsky de Przybyschowka castellani Przemisliensis sol. t. 1480 b. Johannes generosi ac strennui militis domini Petri de Blandow dapiferi Rawensis s. L pro deo.

309 Stanislaus Mathie de Tharnow t. s. Fingerzeig.

309 Johannes Jacobi de Murawi presbiter mansionarius in ecclesia Cracoviensi totum soluit.

310 Georgius Johannis Thurzii consulis Cracoviensis d. t. Am Rande links Hand b.: frater episcopi Olomucensis 1481 a.

310 Fr. Procopius de Brunna frater ordinis s. Augustini heremitarum d. t. 1481 a.

311 Jacobus generosi Andree de Kupnow s. t. 1481 b. Johannes nobilis Johannis de Syedlyschowycze 2 gr. Erasmus Johannis Cromer de Cracovia s. t.

312 Jacobus Ade de Radzymino rector ecclesie parrochialis ibid. dioceseos Plocensis 4 gr. Johannes Pauli notarii civitatis de Nissa 2 lat. gr. Gregorius Czefflen decanus superioris Glogovie et canonicus Niazpensis 3 lat.

Fr. Johannes Bursaloris de Gdano ordinis Carmelitarum.

Fr. Andreas magistri de Gdano eiusdem ordinis t. Erasmus Nicolai Niklin de Cracovia t. Links später: doctor in decretis.

Jacobus nobilis Johannis de Palzina vola 3 lat. Nicolaus nobilis Henko Michalowsky de Russia t.

313 Stanislaus Johannis de Cracovia soluit in totum. 1482 a. Unterstrichen; Fingerzeig. Links: Turzii Johannis episcopus Olomucensis (ausgelöscht).

316 Domini Felix et Jacobus filii M. D. Stanislai de Bobrek soluerunt 4 gr.

317 Fr. Jacobus de Clara tumba 1483 a.
Fr. Simon de Lubensch ord. Cisterciens. soluerunt.
Fr. Albertus de Sukow ordinis Cysterciensium s. t.

320 Nicolaus
Andreas } fratres de arena Crac. } ordinis Carmelitarum soluerunt
Johannes } totum.
Caspar } fratres de Poznania
Johannes }

321 Stanislaus Martini de Clomicze s. t. Am Rande: Clomiczky protunc ca' con'ᵘ (sic)

321 Johannes Johannis de Gagowe s. t.
Adam Johannis de Kyernosya s. t. } frater nepotes
Johannes Andree de Lubyen s. t. } domini Baruchowsky.
Andreas Andree de Lubyen s. t. }
Stanislaus Alberti de Baruchow s. t.

322 Fr. Mathias de Coprziwnicza s. 2 gr.

325 Fr. Simon de Camencz et ordinis Cisterciensis s. t. 1484 a.
Fr. Bartholomeus de Blyazow et ordinis Cisterciensis s. t.

328 Johannes Johannis frater ordinis Premonstratensium de Bythom canonicorum beati Augustini s. t.

329 Fr. Laurentius ordinis Cisterciensis de Andrzeyow s. 2 gr. latos 1484 b.

330 Johannes Mathie Prziaczel de Cracovia s. t. Links
Hand b.: 1503 factus ep. Laodiciensis. Fingerzeig.
Andreas Blasii de Aranias canonicus Agriensis a. t.

332 Stanislaus Johannis Thurzi de Cracovia a. 3 lat. gr.
1485 a. Links Hand b.: episcopus Olomucensis
factus 1497.

332 Dobreslaus Jacobi de Lanzensko nobilis s. 3 L gr.
Blasius Nicolai de Nowogrod nobilis s. 3 L gr.
Dobeslaus Georgii Crasneszolo nobilis s. 3 L gr.

333 Gregorius Georgij de Frangipanibus comes s. t.

334 Johannes magnifici domini Johannis de Cobylani s. t.
Fr. Andreas ordinis Premonstratens. S. Vincencii
Wratisl. s. 3 gr.

335 Fr. Dominicus Caspari Rissel   gratis ⎱ ordinis pre-
Fr. Nicolaus Mathie de Zegrzanij   gratis ⎰ dicatorum.
Erasmus Stanislai Czolek de Cracovia s. t. Links
Hand b.: 1502 (?) episcopus Plocensis factus est.

337 Fr. Johannes ordinis cruciferorum cum stella de
Wratislavia s. t. 1485 b.

340 Fr. Valentinus ordinis fratrum heremitarum sancti
Augustini a. 3 gr. 1486 a.

342 Job Andree de Roszkow a. 1 gr. 1486 b. Links
Hand b. canon. Pozn.

343 Martinus Martini de Ilkcnsch a. 4 gr. Links Hand b.:
collegiatus et sacre theologie professor factus 1517 a.

344 Thomas Andree Fabri de Slupcza plebanus in Smel-
wicz circa Sweydnicz et altarista in Sweydnicz d.
4 gr. 1487 a.

349 Fr. Marianus ordinis predicatorum ad s. Trinitatem
in Cracovia d. t.

350 Johannes Johannis Tesschner consulis Cracov. d. 4 gr.

352 Andreas Nicolai Stadnyczky castellani Premisliana
d. 2 latos.
Jacobus de Buczacz magnifici domini Jacobi palatini
Podolie 6 gr.
Johannes frater eius eiusdem domini magnifici filius
d. 6 gr.

355 Fr. Bernhardus ordinis predicatorum de Lanczyczya
a. t. 1488 a.

355 Bartholomeus Bartholomei Gruscznysky (?) de Ywano-
wycze s. t.

357 Jannusios Allexandri ducis de Litwania s. t. In
grösserer Schrift. Links eine Krone.

358 Stauislaus Johannis Borek de Cracovia s. 4 gr.
Randnota späterer Hand: decanus Cracoviensis cantor
Gnezn. custos Sandomiriensis etc. officialis Romane
curie alias sollicitator bullarum apostolicarum, magnus
fautor studii Cracoviensis, regibus, principibus, archi-
episcopis et episcopis gratus pius princeps affabilis
sobrius sine querela longitudine dierum repletus emit
censum 300 flor. pro 7000 in presidium pauperum
studencium obiit 1556 etatis vero 82. 1488 b.

358 Benedictus (Iland b.: Psitacus) Ladislai. Iland b.:
Vngarus de Riwlo dominarum a. t.

360 Johannes Alberti Gorsky de Schowa magnus homo
s. t. Fingerzeig. Darüber: canonicus Poznaniensis
et official. regis (anno ?) tarius.

362 Martinus Martini de Cracovia soluit medium. Unterstrichen; daneben Iland b.: Belze. Am Rande Hand c.:
a. d. 1536 in rectorem electus decretorum doctor
parrochus in Luborzycza collegiatus canonicus Crac.
14 hebdomad.

364 Petrus Nicolai do Thomycze soluit totum. (Rot unterstrichen in grösserer Schrift.) Spät. Zusatz: episcopus Premislienais et R. p. vicecancellarius factus
a. 1514; noch später: postea episcopus Posnanien.
et deinceps episcopus Cracoviensis a. d. 1529 (?)
egregius vir.

366 Martinus Stanislai de Pilzno a. 2 latos. 1489 a. Am
Rande links später: dictus Gruczka cos. Pilznou.
pater Stanislai ibidem plebani artium magistri.

372 Jacobus (plebanus) Alberti [in patria] de Stobnycza
s. 8 gr. 1490 a. Das eingeschaltete späterer Zusatz.
Johannes Alberti de Stobnycza a. 8 gr. Unterstrichen.

Johannes Nicolai [collegiatus] de Raczignef s. 4 gr.
Das eingeschaltete spätere Zusatz, von dem zweifelhaft ist, ob er sich auf Johannes Nicolai, neben welchem oder auf Job. Alberti de Stobnycza, unter dem er steht, bezieht.

374 Fr. Valentinus de Paradiso ⎫ ordinis s. Bernhardi
Fr. Albertus de Lynda ⎬ soluerunt totum in
Fr. Clemens de Suleyow ⎭ Novembre.
Fr. Nicolaus ordinis fratrum Heremitarum s. Augustini de conventu Huyhel s. t.

374 Fr. Benedictus de Cracovia ordinis fratrum heremitarum s. Augustini de conventu s. Katherine s. t.

377 Martinus magnifici domini Andree de Crethkow palatini Breslensis s. t. [29. April] 1491 a.

378 Vincencius Aaron de Golcze diocos. Gneznana. d. t. XXVI. Augusti. Fingerzeig.
Fr. Clemens ordinis Premonstratensis plebanus in Crzczanczyn dioc. Crac. XXVII. Augusti.

380 Nicolaus Nicolai de Thuronia s. t. (Unterstrichen. Moderne Hand links daneben: Copernicus.)

382 Nicolaus Mathie de Thulischkow dioc. Gueznensis 1492 a. Fingerzelg; links Hand b: doctor medicine peregrinus Rome, Jerusalem, Magdalene prob. hc (?).

385 Mathias Nicolai vexiliferis (!) Siradiensis ⎫ soluerunt
de Kwyathkovicze dioc. Gneznensis ⎬ t. 1492 a.
Johannes eiusdem Nicolai filius ⎭

389 Jacobus Johannis de Obornyky dioc. Posnanien. a. 3 gr. 1493 a. Fingerzeig; unterstrichen.
Johannes Procopii de Schadek. [Hand b.: doctor med.] dioc. Gusanen. s. 2 gr. Fingerzeig; unterstrichen.

390 Johannes Stanislai de Dzykow privignus magnifici domini Spithkonis palatiol Cracoviensis diocos. Premisliensis s. t.

391 Jacobus Johannis Schypyk de Lyw clericus Poznaniensis dioc. a. 2 lat.

394 Thomas Stanislai de Kurow dioc. Cracoviens. s. t. 1493 b. Fingerzeig.

397 Johannes de Pyernesz ordinis predicatorum soluit totum 1494 a.
Leonardus Laurencii de Vysuka penultima Aprilis [spät. Zusatz: custos s. Flor.] a. t. [Später: sacre theologie doctor.]

398 Florianus Martini de Lythumyrszko dioc. Cracoviensis a. 8 gr. t. Links später: plebanus in Beldrzichovo.
Fr. Adalbertus de Clara tumba ordiuis Cisterciens. e. t.
Fr. Johannes de Andrzeyow ordinis Cisterciens. a. t.

399 Stanislaus et Johannes magnifici domini Johannis de Pylcza palatini Russie filii intitulatione ena 23. Junii a. t.
Johannes Zyemba Stanislai de Cracowia dioc. eiusdem s. t. Rot unterstrichen. Daneben rechts IIand b.: cursor R. maiestatis et servus communis.

400 Andreas Johannis doctoris Basileo de Cracovia a. t. Grösser geschrieben.

405 Fr. Petrus Hugonis de Colonia ordinis Cisterciensium ex cenobio Vangrovycz 1495 a.

407 Fr. Anthonius Anthonij de Hayden ordinis Cisterciensium coenobii Lubensis a. t. 1495 a.

413 Mathias Johanuls de Sadek [Hand b.: Voznyanka] d. 4 gr. Rot unterstrichen. 1497 b.

413 Franciscus Petri Burnenissa comes de Vugaria e. t.

413 Felix [Hand b.: canon. Premisl.] Alberti de Lassky dioc. Premisllen. d 3 gr.
Jacobus Andree de Cleparz s. t. Hand b.: canon. Crac.

414 Stanislaus [Hand b.: Chodakowsky] Johannis de Schadek s. t. Links am Rande: plebanus in Zudzyne.

415 Johannes [Hand b.: plebanus] Jacobi de Vyanczkovicze Cracoviensis diocesis nihil. 1498 a.

417 Jacobus Jacobi Byali de Cracovia t. a. Unterstrichen. Hand b.: doctor utriusque juris.

417 Martinus Johannis de Lagwy alias Caroploch presbyter senex.

419 Martinus Stanislai Sydlowyncky t. 1498 a.

420 F.bianus Marienami de Vrat(islavia) ordinis Heremitarum s. Augustini.

421 Stanislaus) fratres Georgii Thurzo) de Cracovia t.
Johannes } nepotes rectoris } 1498 b.
Georgius)

422 Fr. Johannes de Poznania ordinis Heremitarum s.
Augustini O. (sic).

Laurencius) Petri magnifici Sando-) germani t.
Benedictus } censis castellani }
Links Hand b.: Myszkowszky.

423 Albertus Andree de Coszlow vexillifer (!) Goslinensis t.

431 Johannes Johannis de Schanok 6 gr. Rot unterstrichen. Links dieselbe Hand: X. einedem (i. e.
Octobris).

436 Martinus Andrici de Kamyenyecz castellani Sano-
ciensis s. t. 1500 a.

437 Johannes Protoconsis (!) Antonii Brenderlers frater
de Cracowia s. t.
Erasmus Gregorii Morschthyn consulis Cracov. t. s.

438 Stanislaus generosi domini Stanislai marsalci de
Lanczkoronij 4 s.

439 Caspar) filii Caspar Genkner consulis Crac. Dar-
Stanislaus } über Hand b.: a. inc. 1462 parens eorum
intitulatus.

451 Fr. Nicolaus ordinis Cistercien. de Camenz. t. s. 1500 a.
Fr. Stanislaus ordinis Cistercien. de Andrzeyow t. a.

457 Nicolaus Johannis Regula preconsulis (!) et rectoris
Crac. s. t.

458 Joannes de Chelma frater monasterii Landensis s. 4.
Joannes Erasmi ordinis Carmeliterarum (!) 6 gr.
Stanislaus Nicolai de Samothuli ordinis Carmelite-
rarum s. 6 gr.

419 Cristoforus Cristofori de Strigonia frater ordinis Car-
nolititarum (!) s. t.

464 Petrus Joannis de Obornyky [Hand b.: artium et]
s. [Hand b.: medicine doctor] t. [Hand b.: consul
Crac. factus 1526]. 1501 a.

5*

467 Joannes magnifici Ladislai Orsaac de Got diocesis
Agriensis 4. Decembris 9 gr. de sua liberalitate
dedit. 1501 b.

467 Fr. Gregorius Petri de Kossicze de cenobio Andrzei-
owien. 16. Decembr. O. (sic.)
Fr. Joannes de monasterio Sulciow oriundus de
Moikow 21 Febr. 4 gr.

471 Petrus ⎫ filii Junis (!) Sopycha secretarii regie ma-
Paulus ⎬ jestatis atque cancelarii regine Helene solus-
⎭ que pater fideiussit pro eisdem. 1502 a.

472 Nicolaus Joannis de Regalis t. s. Vgl. den Rector d. J.

473 Fr. Henricus de Landa ord. Cysterciens. 4 gr. s.

475 Fr. Andreas ordinis Carmelitorum s. 4 gr.

479 Laurencius Michaelis de Wyeliczka s. t. 1502 b.

480 Fr. Nicolaus Johannis de Pyczaw s. nichil.

485 Vincentius Petri de Campka n° (— acta ?) presbyter
s. 3 gr. 1503 a.

487 Joannes Silinus Francisci de Mathio doctor utriusque iuris 1503 b.

494 Paulus dux ducis Alexandri Grodencis de Litvania
soluit totum. 1504 a. Später links: episcopos Janus-
victand. (?) Vilnen.

495 Joannes Joannis de Finsteuhavn ⎫
Bernardinus Nicolai ⎱ de Bruna ⎪
Wolfgangus Nicolai ⎰ ⎪
Bernardinus Nicolai de Kadano ⎬ isti fratres de
Valentinus Ulrici de Bruna ⎪ sancto Francisco
Wolfgangus Andree de Bruna ⎪ soluerunt totum.
Laurencius Stanislai de Cracovia ⎪
Joannes Martini de Cracovia ⎭

497 Johannes ⎱ Mathie Przyjaciel fratres domini rectoris
Georgius ⎰ de Cracovia soluerunt totum. 1504 b.

500 Gregorius Bartholomei Neuthuik de Olomucz [Hand b.:
canonicus Brunensis] totum.

500 Nicolaus Procopii de Schadek [Hand b.: astrologus
tandem theologus decanus s. Floriani et canonicus
Cracov.] 4 gr. Fingerzeig. 1504 b.

Michael Stanislai [Hand b.: Curtisanus Romanus] de Paczanow 3 gr.

501 Benedictus Martini do Ysdebno 4 gr. [Haud b.: episcopus Poznaniensis] 1505 a.
Laurencius Mathie de Slupcza [Hand b.: doctor juris] 4 gr.

504 Nicolaus Mathie de Squirzyna [Hand b.: altarista Poznaniensis] 3 gr.

506 Paulus Sebastiani de Ilmir plebanus diocesis Strigoniensis. 18. Nov. 4 gr. 1505 b.
Leonardus Simonis advocati de Lovicz diocesis Gnezuensis 16. Januarii totum.
Joannes Solfa Benedicti de Trebul dioc. Miaznensis 23. Febr. 3 gr. [Hand b. links: phisicus regius canonicus Cracoviensis].

507 Petrus Andree de Conari } germani nepotes Reverend.
Georgius Andree de Conari } d(omini) (sic!) Cracovie 4. Marcii 4 gr.

511 Joannes magnifici domini Oswaldi de Corlathkow Vngarie regis tunc nuncii ad regnum Polonie s. t. 1506 a.

511 Jeronimus Balthasaris notarii de Cracovia s. t.
Albertus Joannis de Crayna s. t. [Später doctor medicine consul Crac. quinque uxores habuit.]
Jaroslaus magnifici domini Martini Skothnyczky castellani Zavichostensis.

512 Nicolaus Martini presbyter de Zarnow s. t. 1506 b.

512 Joannes Clementis de Vrbanowicze plebanus in Liandzim s. t.

513 Florianus Ciruli capitanei in Niepolomiczo s. t.
Fr. Antonius Alberti de Poznania professus ordinis sancti Francisci et predicator Polonorum ad s. Franciscum in Cracovia s. t.

514 Nicolaus Nicolai de Trapki ibid. plebanus s. 4 gr.

514 Petrus magnifici domini Martini de Skothniki castellani Sawichostensis s. t.

522 Johannes Ado Szworcz consulis de Crac. s. t. 1507 a.

525 Adam Stanislai de Smigrod notarius publicus etc.
s. 2. 1508 a.
526 Symon magnifici domini Johannis de Tornella t. s.
1508 b.

Verzeichnis deutscher Scholaren in Krakau.

Die nachfolgenden Mitteilungen, welche einen nicht
unwillkommenen Beitrag zur deutschen Culturgeschichte
des XV. Jh. liefern dürften, können nicht den Anspruch auf Vollständigkeit erheben. Es waren vielmer
merere Momente, welche letztere unmöglich machten.
Unter den deutschen Ländern, aus denen Studenten nach
Krakau kamen, stehen natürlich die zunächst gelegenen,
Schlesien, das preussische Ordensland, Mähren und
Böhmen oben an, Länder, in denen der Kampf des
Deutschthums mit dem Slaventum teils damals ausge-
gekämpft wurde, teils heute noch gekämpft wird. Im
15 Jh. wenigstens lässt sich daher aus blossen Tauf-
und Ortsnamen in diesen Gegenden auf Abstammung
kein Schluss gewinnen. Dazu kommt, dass in den ge-
nannten Ländern vielfach Ortsnamen begegnen, die in
Polen widerkehren, so dass, da eine nähere Bezeichnung meist nicht hinzugefügt ist, die territoriale Schei-
dung hier überall unmöglich wird. Es ist dies ein
Uebelstand, der überhaupt nur durch den Abdruck der
ganzen Handschrift teilweise behoben werden könnte,
da sich über die Zuweisung solcher Orte meist nur in
Zusammenhang mit den Namen der Umgebung und
mit anderen der Hs. anhaftenden Umständen entschei-

den lässt. Hiezu tritt, dass in culturgeschichtlicher
Hinsicht das Hauptgewicht auf den entfernteren Territorien ruht, da der Besuch der Universität von der
Nähe her, etwa Böhmen ausgenommen, für welches
indess der Hussitismus die Erklärung darbietet, selbst-
verständlich ist. Da anderersei's die historisch wichtigen
Namen auch dieser Länder in dem vorstehenden Verzeichnisse zu ihrer Geltung kommen, so glaubte ich
hier mich auf die südlicheren und westlicheren Teile
Deutschlands beschränken zu dürfen, es anderen über-
lassend, für jene Gebiete die Namen auszuscheiden,
deren übergrosse Zal an sich den Ramen dieser Schrift
überschritten haben würde.

Aber auch in dieser Beschränkung war Unvoll-
ständigkeit nicht zu vermeiden, sollte nicht andererseits
vieles aufgenommen werden, dessen deutscher Ursprung
bezweifelt werden kann. Namen wie „nova civitas",
wie „alba ecclesia", wie „Landshut" (vgl. Lancut in
Galizien), aber auch wie „Kamentz", „Sorau" werden
sich, wenn sie ohne nähere Bezeichnung stehen, nicht
mit Gewissheit auf ein bestimmtes Locale deuten lassen
und mussten daher in jedem Falle stets übergangen
werden, dort, um nicht slavisches mit deutschem zu
vermengen, hier, um die angeeignete Beschränkung fest-
zuhalten. Die mitgetheilten Namen sind nach Stamm-
ländern oder Territorien geschieden. Orte, bezüglich
deren sich verschiedene Territorien stritten, sind in den
Anhang der unbestimmten Orte eingereiht. Ebenda
findet man die Orte angeführt, deren Namensform an
ihrer richtigen Deutung zweifeln liess oder deren Lage
ich nicht zu bezeichnen im Stande war. Hie und da
findet man auch Ausländer eingereiht, falls dieselben

an der Universität des betreffenden Gebietes einen akademischen Grad erworben haben. Zu Schluss des ganzen habe ich noch die wenigen Romanen und Scandinavier und einen Schotten angeführt, deren Namen das Matrikel-Buch enthält.

a. Baiern.

113 Johannes Ottonis de Monaco 2 gr. 1437 a.

231 Osvaldus Stephani Hornperger Tekenidorw dioc. Ratispon. 2 gr. 1463 b.

291 Caspar Henrici de Ratispona a. t. 1476 b.

326 Georgius Conradi de Schongaw (Hand b. alias Augusta) a. 4 gr. 1484 a.

337 Michael Johannis de Naburga a. d. l. 1485 b.

339 Mathias Fabiani iudicis de Ewlenbach a. 4 gr. 1486 a.

346 Johannes Andree de Raffelzbach Pataviensis diocesis d. 2 l. 1487 a.

352 Vilhelmus Georgii Wayas de Gundelfung baccalarius universitatis Engelstatensis a. t. 1487 b.

374 Conradus Frideri(!) Lother do nowo foro Banarie a. t. 1490 b.

376 Benedictus Conradi Neopauer de Laybnycz dioc. Se coviensis magister artium universitatis Ingulstatensis prius baccal. Wienensis a. t. 28. Aprilis 1491 a.

378 Johannes Johannis de Weynden dioc. Ratisponensis d. 4 gr. 26. Sept.

380 Stephanus Johannis de Ratispona a. 4 gr. 1491 b.

382 Cristoforus Pigner Frederici ex Erbendorff dioc. Ratisponen. 3 gr. a. 1492 a.
Cristoforus Viti Paur ex Erbendorff dioc. Ratisponen. 3 gr. a.

383 Volfgangus Siali de Burcans de Banaria dioc. Zalczburgen. 4 gr. a.

383 Georgius Andree de Baydeu 2 gr. a. dioc. Ratisponen.

384 Georgius Nicolai de Schirdthin dioc. Ratisponen.
Cristoforus Nicolai de Monaka dioc. Ratisponen. t. a.

393 Hainricus Leonardi Pataviensis a. t. 1493 a.

393 Alexius Georgii de Engelstadt dioc. Augustensis a. 3 gr.
Augustinus Martini de Engelstadt dioc. Augustensis
a. 3 gr. 1493 b.
395 Gabriel Hulrici de Pressath dioc. Ratisponensis a.
1 gr.
397 Nicolaus Hudalrici de Ratisbona dioc. eiusdem a. t.
1494 a.
397 Georgius Johannis de Lanczuth dioc. Ratispononsis
a. 4 gr.
399 Georgius Georgii de Wusidel dioc. Rathispaniens. (!)
a. 3 gr.
400 Joseph Erasmi de Durghaus. magister universitatis
Engalstetensis a. t.
414 Johannes Bertoldi de Schongaw a. 4 gr. 1497 b.
418 Johannes Vitli de Patavia 2 gr. 1498 a.
424 Volfgangus Johannis de Patavio t. 1498 b.
Johannes Frederici de Vaydeu t.
Bartholomeus Frederici de Pressath t.
425 Gregorius Bartholomei de Mildorff Salapurion. tres.
1499 a.
426 Johannes Georgii de Brana Patavieu. 3.
429 Wolwgangus Johannis de Kam Ratisponen. 3.
432 Joannes Laurencii de Lanczuth Banarie 4 gr. Iste
obmissus fuit. Pro tempore antem baccal. per jura-
mentum magistri Michaelis de Wratislavia collegiati
maioris collegii artistarum admissus ad inscribendum
et promovendum soluit totam. 1499 b.
440 Wolfgangus Leouardi de Roythoffen 4 gr. a. 1500 a.
451 Andreas Casperis de Freyasiug 6 gr. s.
455 Leonardus Leonardi de Burgkhausen dt 3 gr.
462 Johannes Petri de Habensberg a. 4 gr. 1501 a.
Volwangus Georgii de Habensberg a. 4 gr.
491 Johannes Michaelis Buria 4 gr. 1504 a.
505 Johannes Joannis de Eringa bacc. Ingolstaten. 4 gr.
1505 a.
508 Wolfgangus Georgii de Strabyng a. 3 gr. 1506 a.
509 Leonardus Andree de Amberga a. 3 gr.

510 Frater Simplicius Simplicii ordinis s. Benedicti in in Formipacis s. t.
513 Joannes Haimerami de Dingelvin s. 2 gr. 1506 b.
520 Petrus Steflani du Dinglfing s. 3 gr. 1507 a.

b. Franken.

29 a. Conradus de Franconia 1409.
38 b. Fredricus Florstet de Franconia 1414.
185 Michael Jvnkacz de Sweynfordia 2 gr. d. 1454 b.
207 Johannes Croenthal de Trülbach baxc. Erfordensia 1459 a.
231 Michael Cristofori Ben ex Lanckaheim dioc. Herbibolensis 2 gr. 1463 b.
233 Johannes Johannis de Hamelbuk dioc. Herbipolen. 4 gr. 1464 a.
Henricus Henrici de Fulda dioc. Herbipolen. 4 gr.
252 Hebreardus Ipoliti Schwal de Lychtenvelsch s. t. 1468 b.
253 Conradus Concordi (?) de Lichtenfeluz 2 gr. 1469 a.
260 Conradus Petri Dackir de Steynoche de partibus Franconie d. 2 gr. 1470 a.
283 Laurentius Johannis de Bamberga s. t. 1475 a.
292 Georgius Johannis de Thineckenspiel soluit 2 gr. 1477 a.
293 Hilbrandus Thome de Thinkispil d. 4 gr.
303 Conradus Cunradi de Herbipoli diocas. eiusdem 2 gr. 1479 b.
305 Johannes Riedner de Ludersheim poeta.
305 Eucarius Johannis de Coburg diocos. Herbipollensis 2 gr. 1480 a.
306 Nicolaus Johannis de Hoff dioces. Bambergensis.
307 Frater Petrus de Franckfordia maiori ordinis eiusdem [1] studens theologie. 28. Sept.
311 Michael Cunradi de Norumberga 2 gr. latos. 1481 b.
Casper Johannis de Norumberga 2 gr. latos.

---

1) Carmelitarum.

312 Johannes Leonardi Cerdonis de Norumberga dioces.
Augustensis soluit 2 gr. latos.

315 Jacobus Conradi de Arbipoli s. 2 latos. 1482 b.

318 Vdolricus Leonardi de Aldorff s. 3 gr. 1483 a.

321 Fredricus Vlrici de Herbipoli s. gr. 1. 1483 b.

330 Johannes Johannis de Hasworth s. 2 lat. gr. 1484 b.

331 Georgius Nicolai de Babenberga s. 3 g. l. g. 1485 a.

338 Henricus Henrici de Begnycz s. 4 gr. 1486 a.

339 Hebreardus Hebrehardi de Forchem s. 4 gr.

353 Johannes Henrici Dicz de Staffelsteyn soluit 4 gr.
1488 a.

362 Conradus Protacius Johannis de Herbipoli tot. s.
1489 a.
Georgius Johannis de Colmuch.

364 Johannes Johannis Euthman de curia Reguycz.

364 Cosmas Johannis Raytenstayner de cu-
ria Reguycz
Johannes Herbardi Hermela de curia
Regnicz

} omnes per
} duos latos
} dederunt.

364 Nicolaus Othonis Herolth de Cranoch.

367 Johannes Johannis de Miltenberga s. 4 gr 1489 b.

370 Sebaldus Andree de Norimberga s. 4 1

372 Martinus Michaelis de Kronoch s. 4 gr. 1490 a.

372 Johannes Johannis de Hamelburg s. 4 l.
Johannes Henrici de Gerlihw Gerolczhoffen s. 5 gr.

375 Johannes Johannis Gaz de Mellerstath s. 4 gr. 1.
1490 b.
Anthonius Anthonii Ruchomer de Norimberga s. 4
gr. 11. Dec.

377 Hieronimus Conradi de Nova civitate dioc. Herbipolensis d. 5 gr. 7. Junii. 1491 a.

378 Petrus Frebon de Herbipoli dioc. Herbipolensis d.
5 gr. 14. Augusti.
Leonardus Rosinberger de Gundelshan dioc. Herbipolensis dt. 4 gr. 23 (Aug.)
Johannes Andree de Staphelsteyn dioc. Bambergensis
soluit totum 3. Septembris.

380 Cunradus Johannis de curia Regnitz s. t.
382 Johannes Johannis de Herbipoli diac. Herbipolen.
4 gr. cum dimidio soluit. 1492 a.
383 Jacobus Conradi de Dauberkenizhoben dioc. Herbipolens. s. t.
Sebastianus Johannis de Dauberkenizhoben dioc. Herbipolena. s. t.
Kylianus Burcardi de Dauberkenizhoben dioc. Herbipolens s. t.
384 Johannes Sigismundi de Lautherzhavzen dioc. Herbipolens.
385 Johannes Johannis de Obernburg Maguntinensis dioc duos gr. a. 1492 b.
386 Stefanus Nicolai Gasnar de Bamberga t. s.
Richardus Herardi de Talmesfelth. s. t.
388 Nicolaus Appolinaris de Herbipoli diocce. Herbipolens. s. t. 1493 a.
Johannes Hcnrici de Herbipoli diocea. Herbipolens. s. t.
389 Andreas Frederici de Bibarth diocea. Herbipolens s. t.
Georgius Johannis de Dybarth dioc. Herbipolen. s. t.
Johannes Johannis de Kralsisem (?) dioc. Herbipol. s. t.
390 Georgius Hermanni de Stafelstein dioc. Bambergiensis s. 4 gr.
392 Erhar lus Johannis de Ebern dioc. Herbipolen. s. t.
Nicolaus Hermanni de Ebern dioc. Herbipolen. s. t.
Albertus Conradi de Dambergh dioc. Dambergens. s. 6 gr.
396 Johannes Sifridi de Mergethau dioc. Herbipolen. s. t. 1493 b.
397 Baltiaer Hengyrhardi dioc. Herbipolens. s. t. 1494 a.
Sebaldus Conradi de Norumberga dioc. Dvmbergensis s. t.
Johannes Petri de Norumborga dioc. Bambergensis s. 3 gr.
Eucarius Johannis de Myltenberg dioc. Maguntinensis s. 3 gr.
398 Petrus Andree de Hathluzen (?) dioc. Herbipol. s. 2 lior.

400 Jacobus Andree de Salzpach dioc. Herbipol. s. 2 gr.
401 Vlricus Vlrici de Bregnicz s. 2 gr 1494 b
Ebrehardus Eorici de Begnicz 4. 2 gr.
402 Johannes Fredrici de Stefelsten s. t.
405 Jacobus Jacobi de Mellerzstadt t. 1495 a.
406 Johannes Alberti de Colombach 4 gr.
Johannes Johannis de Saenfnrt quinqne
409 Georgius Georgii de Itylperhawszen s. t. 1495 b.
409 Johannes Henrici de Hylperhawzen s. t.
Johannes Laurencii de Itylperhauszen s. t.
409 Johannes Petri Bercz de Cranoch dioc. Bomborien-
sis 2 gr.
411 Stephanus Volfgangi de Norumberk 1 gr. 1496 a.
Johannes Johannis de Norumberk 1 gr.
412 Nicolaus Johannis de Carlschtath 10. Maii 6 gr.
1497 a.
413 Johannes Bartholomei de Norimberga dt. 6 gr. 1497 b.
419 Fredericus Henrici de Bomberga 2. 1498 a.
421 Martinus Danielis de Rotha 0 (!). 1498 b.
422 Johannes Frederici de Norenberga s. 4 gr.
423 Valentinus Nicolai de Svefor. 2.
425 Johannes Leonardi de Halpron Herbipolensis 4.
1499 a.
426 Petrus Philipi de Franffkordia (!) Magnntinen. 3 gr.
Georgius Nicolai de Mellestandt (!) 3.
427 Andreas Johannis de Bombariu trea.
Anthonius Caspar de Bomborga trea.
428 Johannes Frederici de Culmbach Banworiensis trea.
429 Johannes Johannis de Pothinsten Bombariensis 3.
436 Jeorgius Petri de Norinberga s. t. 1499 b.
459 Joannes Alberti Lavf 3 gr. 1500 a.
461 Georgius Conradi de Szwanfordia s. 4 gr. 1501 a.
463 Joannes Frederici de Bombargyen s. 4 gr.
466 Joannes Joannis de Retterstein Herbipolensis dioc.
3 gr. 1501 b.
468 Leonardus Laurencii de Kiczinie (!) dioc. Herbipolen. 21. April. 4 gr.

476 Burcardus Bernardus (sic) de Melersthal 2 gr. s.
1502 a.
Georgius Johannis de Szwanfordia 2 gr. s.
502 Thomas Laurencii de Herbipoli 2 gr. 1505 a.
Georgius Johannis de Herbipoli 2 gr.
506 Johannes Joannis Kemberg de Vinczhem dioc. Herbipolensis 24. Nov. 6 gr. 1505 b.
510 Georgius Joannis de Noremberga s. 4 gr. 1506 a.

e. Schwaben.

17 a. Otto Bertholdi de Gandelfyngen. 1402.
134 Wilhelmus Wilhelmi Fischer de Nordlingen d. t.
1444. a.
155 Zygandus filius Liberi de Augusta. 1447 a
165 Wilhelmus Wilhelmi de Nordlingin d. t. 1448 b. [1])
180 Cuuradus Reynhard de Kyongeshowen Swewus d
2 gr. 1453 a.
200 Martinus Conradi de Augusta 2 gr. 1458 a.
212 Petrus Martini de Vinwang clericus Augustensis
2 gr. d. 1460 a.
214 Paulus Johannis de Gyngen 3 gr. d. t. 1460 b.
Johannes Henrici de Gyngen 3 gr. d. t.
239 Johannes Wernheri Molitoris de Aytingin d. t. 1465 b.
313 Laurencius Nicolai dyoc Augustensis s. 2 lat. gr.
1462 a.
Wilhelmus Johannis de Norlyn dyoc. Astaviensis (!)
s. 2 gr.
314 Baccalareus Lodvicus Jodoci de Esslingen a. 3 gr. l.
Jacobus Jacobi de Rawensberg s. 2 gr.
315 Johannes Nicolai de Bybrach dyoc. Constanc. soluit
2 l. gr. 1482 b.
315 Balthazar Laurencij de Gamundia August. dyoc. s.
l. 2 gr.

_____

1) Derselbe Name: Wilhelmus Wilhelmi Fischer de Nordlingin
dt. war früher von derselben Hand irrig an dem Schluss des J. 1444 a.
(pg. 134) gesetzt und sodann durchgestrichen worden.

Johannes Martini de Dybrach s. 2 L gr.
Conradus Johannis de Rawensporga s. t.
319 Mathrus Conradi de Constancia s. t. 1483 a.
319 Johannes Vlrici de Vlma s. t.
321 Bernhardus Laurentii de Meymingen s. t. 1483 b.
326 Stephanus Johannis de Nordlingen s. 4 gr. 1484 a.
330 Caspar Valteri de Vlma s. 4 gr. 1484 b.
330 Lodovigus Lodovici de Rongendingen s. t.
331 Georgius Johannis de Rotinburga s. 4 gr.
332 Georgius Jacobi de Oberndarffen s. 2 gr. 1485 a.
337 Ebrehardus Vylhelmi de Lyndaw s. 2 l. 1485 b.
340 Melchior Hrernei (?) de Augustra (sic) s. 3 gr. 1486 a.
352 Vilhelmus Georgii Wayas de Gundelfung baccalarius
      universitatis Engelstatensis s. L 1487 b.
362 Johannes Kolberg Johannis de Campidonia medium
      s. 1489 a.
365 Albertus Johannis de Vlma s. 4 l.
372 Udalricus Udalrici Virtemberger de terra Svevie
      baccalarius Tubingensis s. L 1490 a.
      Urbanus Remigij de Stislinge s. 5 l.
375 Jacobus Johannis de Thelhnang dioc. Constanciensis
      s. 4 gr. VII. Januarii. 1490 b.
      Caspar Herhardi Smohel de Narlyn dioc. Augustens.
      s. 4 gr. XXIII Januarii.
      Bernhardus Conradi Mahulchel de Selinuga (viel-
      leicht Seliunga) dioc. Constanciensis s. 6 gr.
      XXVI. Febr.
376 Jacobus Bancz Ulrici de Gamundia dioc. Augu-
      stensis s. 4 gr. XII. Apr.
378 Bernhardus Hermanni de Melinga dioc. Constanciensis
      d. 5 gr. VII. Augusti. 1491 a.
378 Johannes Herhardi de Nagulth dioc. Constanciensis
      d. 2 latos XII. Augusti.
      Martinus Johannis Molitoris de Constancia dioc. Con-
      stanciensis d. 5 gr. XVI. Augusti.
      Georgius Zoybolth ex Erlsried dioc. Augustensis d.
      4 gr. XXIII. Augusti.

378 Jacobus Ulrici de Eslingen dioces. Constanciensis dt
4 gr. III. Sept.

381 Ulricus Oswaldi de Hallis de Svevia s. t. 1492 a.

382 Veudelinus Leonardi de Genen (!) diocesis Augustensis s. t.
Henricus Henrici de Bewinden (!) diocesis Constan-
tiensis s. t.

383 Henricus Caspari Kelen de Babenhausen dioc. Augusten. 4 gr. a.

383 Anthonius Henrici de Lindow dioc. Constancien. 2 gr.
Nicolaus Johannis Burger de Vangen dioc. Constancien 2 gr. s.

385 Mathias Jacobi de Wyesen Augustensis dioces. 2 gr. s.

385 Andreas Bernhardi de Rothvila dioc. Constancien.
s. t. 1492 b.

386 Mathias Johannis Gayslingen de Swecia (sic) t. s.
Conradus Cristanni de Lendaw t. s.

388 Conradus Conradi de Bibrach dioc. Constancien.
s. t. 1493 a.

392 Valerius Vilhelmi de Rothwyla dioces. Constancien. s. t.
Udalricus Ulrici de Veyszen dioc. Augustensis s. t.

395 Jacobus Johannis de Forczan dioc. Swirensis s. 4 gr.
1493 b.

395 Leonardus Johannis de Esling dioc. Constanciens. s.
5 gr.

396 Johannes Thome de Levurben (!) de Legaw dioc. Constanciensis s. 2 l.

397 Johannes Conradi de Vlma dioc. Constantien. s. 3 gr.
1494 a.

405 Johannes Johannis de Karszweren (!) Augusten. dyoc.
t. 1495 a.

407 Johannes Jodoci do Jchenhausen t.

407 Johannes Mathei de Bopffyngen totum.

409 Johannes Johannis de Augusta Bavariensi s. t.
1495 b.

409 Johannes Johannis de Boxlyngen dioc. Constanciensis s. 4 gr.

419 Georgius Georgii de Viassen Augusten. 4. 1498 a.
421 Vitus Conradi de Buchorn Constancien. 2 gr. 1498 h.

425 { Petrus Conradi de Horub | Constancien. 4.1499a.
Johannes Henrici de Horob } diocesis. 4.
Martinus Lodwici de Horub | 4.

430 Johannes Conradi de Vlma Augustien. 2.
431 Conradus Johannis de Byberach nicbil. 1499 b.
452 Andreas Johannis de Dubyngn dt. t. 1500 a.
455 Jacobus Petri de Constancia s. t.
464 Johannes Balthasar de Eslingen s. 2 gr. 1501 a.
466 Nicolaus Vlrici de Memingen Augusten. 15. Nov.
4 gr. 1501 b.
Felix Felicis Biberach de Biberach dioc. Constanciensis 27. Januar. totam.
472 Georgios Conradi de Constancia 4 gr. 1502 a.
473 Johannes Johannis de Bibrach t. a.
476 Johannes Laurentii de Wimpina 2 gr. s.
477 Johannes Petri de Rawenspergk s. t.
482 Cristannus Cristani de Meymyngen a. 3 gr. 1503 a.
483 Thomas Johannis de Wauga s. 4 gr.
483 Petrus Johannis de Harb s. 4 gr.
486 Laurencius Laurencii de Gmtynd s. 8 gr.
488 Johannes Joannis de Blaubirrain s. 3 gr. 1503 b.
493 Bernbardus Georgii de Constancia d. 3 gr. 1504 a.
498 Michael Petri de Vlma 4 gr.
500 Sebastianus Casper de Vlma 3 gr. 1504 b.
508 Johannes Nicolai de Constancia s. 3 gr. 1506 a.
518 Michael Leonardi de Augusta s. 3 gr. 1507 a.
522 Jacobus Cristauni Swews de Babenhavern de Augusta
26. Oct. 4 gr. 1507 a. oder 1507 b.
523 Georgius Michaelis de Vlma a. 2 gr. 1507 b.

d. Schweiz.

172 Michael Johannis Fogelwager de Sancto Gallo 4 gr.
1450 b.
287 Conradus Hosang de Solodern s. t. 1476 a.

297 Frater Vlricus de Basilea ord. predicat, s. t. 1477 b.
299 Johannes Jacobi de Schaaphausen s. 4 gr. 1478 a.
349 Johaunes Johannis Hieronimi doctoris medicine de
    Basika d. 4 gr. 1487 a.
358 Magister Johannes Iheronimi de Basilea doctor me-
    dicine nostre universitati incorporatus soluit tototo-
    totum ¹) 1488 b.
372 Johaunes Johannis de Thurego s. 4 L 1490 a.
378 Cunradus Knecht de s. Gallo dioc. Constanciensis
    d. 5 gr. 7. August 1491 a.
379 Rudolphus Rudolphi de Glaris s. 4 gr. 1491 b.
380 Petrus Johannis de Basilea s. 4 gr.
382 Nicolaus de Thurrego dioc. Constanciens. 9 gr. a.
    1492 a.
    Petrus Huber Rudolphi de Vinderthur dioc. Con-
    stantien. totam.
383 Erhardus Johannis de Thurrego dioc. Constancien.
    totam.
383 Adam Vrsi de Zolodria dioc. Losnensis s. t.
    Cristannus Johannis de Zolodria dioc. Losnensis s. t.
385 Vlricus Johannis de Arow dioc. Constanc. s. t. 1492 b.
386 Georgius Hugonis de Sancto Gallo de Swevia totum
    soluit.
397 Henricus Ebrrhardi de Turego dioc. Constancien. s.
    8 gr. 1494 a.
402 Vrbanus Petri de Berna s. 5 gr. 1494 b.
405 Henricus Johannis de Roperswol dyoc Constancien.
    totam 1495 a.
    Marcus Rudolphi de Sancto Gallo totum.
    Conradus Jacobi de Sancto Gallo totum.
    S-bastianus Johannis de Sancto Gallo totum.
407 Henricus Deltizar de Tvrgo totum.
409 Petrus Marci de Thurgau s. 4 gr. 1495 b.
416 Conradus Rudolphi de Raperswel Constantien 3.
    1498 a.

_____

1) Vgl. S. 17.

423 Benedictus Vlrici de S. Gallo. 1498. b.
Sebastianus Vlrici de S. Gallo.
430 Petrus Johannis de Sancto Gallo 1499 a.
483 Balthasar Nicolai de Wallenstat e. 4 gr. 1503 a.
Johannes Jacobi de Vallenstat e. 2 gr.
Nicolaus Johannis de Salodvra e. 2 gr.
496 Joannes Joannis de S. Gallo e. 5 gr. 1504 a.
Sebastianus Bonedicti de Sancto Gallo a. 9 gr.
502 Gregorius Johannis de S. Gallo 2 gr. 1505 a.
504 Johannes Johannis de S. Gallo 2 gr.
506 Lucas Simonis pictoris de s. Gallo dioc. Constanciens. 7. April. 3 gr. 1505. b.
Jacobus Vlrici Cesaris de Vlznach.

e. Dreisgau, Elsass, Rheinpfalz.

125 Nicolaus de albo castro Spirensis dyoc. [1]) 1440 b.
207 Nicolaus Sideleer de Argentina bacc. Erfordensis. 1459a.
217 Johannes Lodvydzy de Argenthyna 3 gr. d. 1461 a.
268 Gregorius Krebs de Spira 2 gr. 1472 a.
311 Jodocus Lang de Ormacia dioc. Maguntbinensis 2 gr.
l. 1481 b.
347 Nicolaus Johannis de Novilari diocesis Argentinensis dt. 1 gr. 1487 a.
367 Mathias Martini de Slyczstath med. a. 1489 a.
368 Sebastianus Oswaldi de Endyngen Friburgensis studii in Brisgawio arcium baccalarius d. 4 l. 1489 b.
Johannes Martini de Menczen (!) baccalarius Friburgensis d. 3 l.
Adam Nicolai de Argentina d. t.
378 Johannes Suarth de Bracana dioc. Vrmaciensis d.
4 gr. 23. Aug. 1491 a.
Johannes Johannis de Grenygen dioc. Spirensis dt.
5. gr. 2. Octobris.
382 Vigandus de Argentina dioc. Argentinensis 3 gr.
soluit. 1492 a.

1) Vgl. S. 48.

Jodocus Ensek Anthonil de Brethen diocesis Spir-n-
sis 9 gr. s

Jacobus Sigismundi de Argentina dioc. Argentinensis
2 gr. s.

Anthonius Nicolai de Grimstath diocesis Vormacien-
sis s. t.

389 Vendelinus Joduci de Heidelburga dioc. Vrmaciensis
s. t. 1493 u.

410 Sigismundus Sigismundi de Argentina baccal. Parisiensis 4 gr. 1496 a.

415 Theobaldus Thome de Argentina 1498 a.

434 Frater Thomas Murarer ordinis sancti Francisci du
Argentina s. t. 1499 b.

479 Vendelinus Johannis de Weyschenburgk s 6 gr.
1502 b.

f. Thüringisch - Hennische Lande.

15 a. Michael de Thuringia. 1401.

16 b. Petrus Sampson de Eysnak dt. 6 gr. 1402.

42 a. Frater Johannes Wale ordinis Cisterciensium monasterii de Oliva, baccalarii in artibus studii Erfor-
diensis dedit totum. 1417.

121 Paulus Harhe de Frytzlaria clericus Maguntine dyo-
cesros d. t. 1438 b.

147 Fr. Theodricus Conradi de Arnstat   \ gratis pro
Fr. Hermannus Gergoldi de Arnstet   / deo. 1444b.

174 Balthazar Mathie Belhner de Hanovia t. 1451 b.

175 Henricus Henrici Guyslar (?) de Hanovia t.

163 Zu oberst: Magister Andreas Ruperti de Nissa universitatis Erfordensis magister d. t. 1454 a.

207 Johannes Crombhal de Tetilbach bacc. Erfordensis
1459 a.

Nicolaus Sideleer de Argentina bacc. Erfordensis.

221 Johannes Johannis de Denschtel 1 gr. 1462 a.

223 Johannes Johannis Heydenreich de Herbisloben alias
de Thenstet 4 gr. d. Hand b.: t. dyocesis Magun-
thinensis.

249 Hinricus Johannis de Hanovia s. t. 1467 b.
290 Ambrosius Simonis de Apoldia s. tres gr. 1476 b.
303 Rudolphus Raynardi de Sthoffel diocesis Maguntine s. t. 1479 b.
848 Jacobus Johannis de Kirchberg Maguntinensis dioc. d. 4 gr. 1487 a.
369 Stephanus Hermanni de Schmalkandia s. t. 1489 a.
376 Georgius Johannis de Swagyer (?) dioc. Vrmuciensis s. 4 gr. 12. April 1490 b.
383 Jacobus Jacobi de Puteletath dioc. Maguntinensis s. t. 1492 a.
384 Philippus Johannis de Oppenhen dioc. Maguntinensis 4 gr. a.
429 Johannes Nicolai de Hanvia (sic; wol Hanowis) Erfordensis 3 gr. d. 1499 a.
466 Joannes Nicolai de Salveldia 3 gr. 1501 b.
482 Johannes Leonardi de Sworczeborg s. 3 gr. 1503 a.
485 Laurencius Henrici de Henrici s. 3 gr.
Mathias Henrici de Buczbach s. 3 gr.
Johannes Henrici de Buczbach s. 3 gr.
486 Mathias Petri de Duringshausn s. 4 gr.
490 Henricus Hermanni de Oppenheyn 3. 1503 b.
511 Simon Thitimanni de Salfeldi s. 3 gr. 1506. a.

g. Mittelrhein, Cöln und Umgebung.

17 a. Petrus Johannis de Colonia 1402.
252 Thomas Roberth de Scocia bacc. Colonensis s. t. 1468 b.
259 Frater Jacobus de Luckna ord. Cysterciensium arcium bacc. al. dii Coloniensis d. t. 1470 a.
305 Michael Nicolai de Elbingk bacc. arcium studii Coloniensis. 1480 a.
307 Frater Jacobus de Bobardia ordinis Carmelitarum lector theologie 28. Sept. 1480 a.
307 Frater Johannes de Aquisgrani ord. einsd. studens philosophie 28. Sept.
312 Anthonius Johannis Galen de Vesalia magister universitalis Coloniensis et einsd. diocesceos s. t. 1491 b.

316 Petrus Nicolai de Nowoforo baccalareus Coloniensis.
1482 b.
Nicolaus Nicolai de Colonia s. t. gr. 4. 1483 a.

329 Simon Petri Molitoris de Libenwerdia bacc. Coloniensis s. t. 1484 b.

364 Petrus Pauli de Denza s. medium. 1489 a.

390 Cristoforus Valentini de Kolhwycz diocesis Misinensis
arcium liberalium baccal. Colonie promotus nostre
universitati incorporatus s. t. 1493 a.

403 Magister Erasmus de Hericz universitatis Coloniensis soluit totum. 1494 b.

405 Fr. Petrus Hugonis de Colonia ordinis Cisterciem-
sium ex cenobio Vaugrovyecz. 1495 a.

460 Joannes Petri de Chyn s. t. bacc. Coloniensis. 1500 b.

500 Adulphus Georgii de Vyperfyrdt O (sic). 1504 b.

510 Joannes Michaelis do Freystath baccal. universitatis
Coloniensis s. t. 1506 a.

h. Niederlande.

166 Johannes Jacobi de Flandria Burgis 1. 1449 a.

378 Martinus Gothfredi de Trayecto dioc. Leodiensis d.
2 gr. 1491 a.

411 Henricus Johannis de Gronyngen 24. Aprilis pro
deo. 1497 a.

i. Mecklenburg.

302 Urbanus Petri Hundirtman de Francfordia baccral.
Rostokcensis. 1479 a.

k. Holstein.

518 Johannes Herici de Holsacia s. 3 gr. 1507 a.

g. Hannover, Brandenburg, Ober- und Nieder-
lausitz, Sachsen, Meissen.

15 a. Thedericus de Saxonia. 1401.

21 a. Jacobus Martini de Dresden. 1405.

23 a. Jacobus Petri de Kostrzyn. 1406.

35 b. Petrus Abraham de Budisseu. 1412.

39 a. Andreas de Wittenberg. 1414.

41 b. Nicolaus Michaelis de Gorlicz d. 4 gr. 1417.

45 b. Johannes de Worczin. 1419 b.

68 a. Georgius Petri Derskowicze de Olzna bacc. arcium de Lipsko d. 8 gr. 1424 b.

69 a. Adam Mertliconis de Gerlicz. 1425 a.

74 a. Nicolaus Sartor de Zithavia d. 3 gr. 1427 a.

81 Michael Johannis de Perlin. 1428 b.

117 Martinus Adalberti de Oppol vicarius curatus Teutonicorum baccalareus artium universitatis Lipcansia. 1438 a. oder vielmer 1437 b.

122 Johannes Dobrogostii de Colno baccalarei universitalis Lipaensis dL totum. 1439 a.

147 Donatus Bartolomei de Goerlitz d. t. 1444 b.

148 Thomas Nicolai de Fraustat baccalareus Lip. (sic) 2 gr. 1445 a.

153 Johannes Keyl de Lumberg altarista de Zittavia Pragensis dioc. d. t. 1446 a.

153 Nicolaus Simeonis Czelach de Briga baccal. studii Lipcen. a. t 1446 b.

160 Christoforus Panli Claus de Zitavia Pragen. dioc. d. t. 1447 b.

Thomas Nicolai Cranspeschaulcz de Zitavia etiam d. t.

169 Jacobus Bertholdi de Zytavia d. t. 1450 a.

Christoforus Thoruel de Bandissu 3 gr.

Paulus Heurici de Drossen 1 gr.

170 Georgius Nicolai de Bawdicin 2 gr.

Michael Philippi de Bwdeczen 2 gr.

171 Georgius Andree de Bandyssin 2 gr. 1450 b.

176 Michael Petri Morgenstarn de Bandissin d. 1 gr. 1452 b.

180 Johannes Nicolai Cluge de Pirnis do Miszna d 6 gr. 1453 a.

187 Laurencius Johannis Baldenhayus de Czeylecz 6 gr. 1455 b.

Caspar Kach de Kolditus 2 gr.

192 Caspar Schconaw (!) de Gorlicz baccalarius Lipcen. 4 gr. 1456 a.

196 Simon Johannis de Zythavia d. 3 gr.
  Johannes Bem de Gerlicz d. 3 gr.
207 Michael Hoclanth baccal. Lypczensis. 1459 a.
208 Johannes Swee de Gerlicz bacc. Lipczeus. 4 gr.
  1459 b.
211 Johannes Hoszenhayn de Syrycz in partibus Mysane
  3 gr. 1460 a.
215 Mathias Georgii de Baudziaseo 2 gr. a. 1460 b.
216 Symon Fredrici de Libewardis bacc. Lypciensis d. 2 gr.
  Paulus Mathie Buzlek de Baudiaseu 3 gr. d.
221 Jacobus Borhardi Maycrer de Wratislavia magister
  arcium universitatis Lipcen. d. t. 1462 a.
223 Franciscus Jeronimi de Dreszden 4 gr.
225 Petrus de Czeycz 2 gr. 1463 a.
226 Mathias Deppilcz de Budissin d. t.
230 Johannes Henrici de Lubania dioc. Misznens. d. 3 gr.
  1463 b.
232 Lucas Cari Martini de Numburg dioc. Numburg.
  4 gr. 1464 a.
234 Johannes Titricij de Gyerlicz dioc. Misznen. 2 gr.
244 Frater Martinus de Misna ordinis sancti Dominici
  nichil dedit. 1467 a.
245 Michael Johannis Hartisch de Dandissin bacc. d. t.
252 Ambrosius Hartholomei bacc. Lypczensis solnit 1468 b.
  Simon Michaelis Lychtenhan de Czeycz 2 gr.
253 Johannes Johannis de Moelbergk 2 gr. 1469 a.
  Johannes Georgii de Zitavia d. 4 gr.
255 Martinus Cruch de Hamborg dt. 3 gr. 1469 b.
  Meynhardus Crebeys de Gardelebin dt. 3 gr.
  Balthasar Neomarchykunark d. 4 gr.
256 Jeronimus Grode de Gerlycz d. 3 gr.
259 Ewaldus Henrici de Bowrycz dedit 4 gr. 1470 a.
259 Burkardus Nicolai de Delicz dt. 4 gr.
  Paulus Petri de Budiasen d. 4 gr.
  Petrus Petri de Sweynycz baccalar. Lyppczen. d. t.
260 Johannes Cleyn Hanocz de Senfflemberg Misnen.
  dioces. d. t.

Blasius Bartholomei de Witthemberg dt. 3 gr.

261 Cristoferus Cristoferi de Lokaw d. t.
261 Anthonius Petri de Pretio baccalarius Lyppicensis dt. L
Johannes Johannis de Fredelanth baccalarius Lyppciensis d. t.
Thomas Martini de Bawdeszyn d. t.
Philipus Donati de Bawdeszyn d. t.
262 Matheus Laorencii de Baudissen 4 gr. d. 1470 b.
262 Nicolaus Nicolai Spanuya de Zoravia baccalarius arcium oniversitatis Lipcensis d. t.
263 Georgius Johannis Werdonk de Zythavia 3 gr. 1471 a.
264 Andreas Johannis de Lockav 3 gr.
264 Gregorius Michaelis de Gerlicz 4.
Jeronimus Jeronimi de Gerlicz 4.
279 Caspar Caspar de Luca soloit totum studens Lipcensis. 1474 b.
260 Bartholomaeus Pauli de Budischin a. t. 1475 a.
Andreas Simonis de Gubben s. t.
285 Valentinus Johannis de Colbus s. t. 1475 b.
287 Johannes Nicolai Gunczel de Budissin d. 2 gr. 1476 a.
295 Albertus Petri de Jene s. 3 gr 1477 a.
295 Johannes Hermanni de Goerlicz a. t. (Zweimal).
299 Gregorius Laorentii de Gorlicz a. t. 1478 a.
Cristophorus Johannis de Colbusz s. 2 gr.
Gregorius Johannis de Goben s. 2 gr.
300 Diouisius Petri de Colbhwaz s. 4 gr. 1478 b.
304 Petrus Martini Scholcze de Kemrich dioc. Meydbargensis 4 gr. a. 1479 b.
Henricus Georgii Fabri de Breeznaw dioc. Brandeborgeusis 2 gr.
304 Marcus Mathie de Cothbus dioc. Misnensis n. 4 gr.
Gregorius Nicolai de Spremberg dioc. s. 4 gr.
306 10. Julii. Nicolaus Johannis de Gorlycz dioces. Misneos. d. t. 1480 a.

23. Julii. Johannes Caspar Zeben de Hoewerz-
werdes dioc. Misnens. 2 gr.
27. Julii. Nicolaus Johannis Sthon Niclos de Os-
schicz dioc. Misnena. 3 gr.
308 Martinus Nicolai Cuppa de Kopkothbus dioc. Mischnensis 4 gr. a. 1480 b.
310 Bartholomeus Andree do Gerlicz a. 3 gr. latos.
1481 a.
311 Nicolaus Tilmanni de Herfordia a. t. 1481 b.
313 Caspar Petri de Herczberg Myanensis dyoc. soluit
3 gr. latos. 1482 a.
Johannes Jacobi de Budesben eiusdem dyoc. 2 gr.
latos.
315 Laurencius Thome de Zythavia a. 3 l. gr. 1482 b.
Johannes Johannis de Herczberg s. 2 latos gr.
315 Nicolaus Nicolai de Leuben a. 2 gr. communes.
315 Clemens Laurencii de Cicza a. 3 l. gr.
318 Mathias Nicolai de Swednycz baccalarius Lypcensis
a. 1483 a.
320 Johannes Jacobi de Dresden a. 3 l. 1483 b.
321 Petrus Petri de Garlicz a. 3 gr.
Michael Michaelis de Zythavia a. 3 gr.
323 Petrus Nicolai de Cuycz a. 2 gr. 1484 a.
325 Johannes Andree de Reddelbyn a. 4 gr.
Georgius Laurencii de Zithavia a. 2 gr. l.
327 Bartholomeus Alberti de Vilemberk a. 4 gr.
329 Simon Petri Molitoris de Libenwerdis bacc. Coloniens.
a. t. 1484 b.
Simon Alberti do Vilemberg s. 4 gr.
Andreas Mathei Harcz de Vilemberg a. 4 gr.
Johannes Georgii de Coldicz s. 4 gr.
331 Gregorius Nicolai de Gerlicz s. 4 gr.
332 Thomas Johannis de Drasden s. 3 l. gr. 1485 a.
Wilhelmus Georgii de Koldycz s. 3 l. gr.
Cristoforus Caspari de Swenycz s. 3 l. gr.
334 Bernardus (sic) Bernardi de Verben s. 2 l. gr.
Lampertus Johannis Lacumwalde a. 2 l. gr.

335 Johannes Nicolai de Budischyn s. 3 l. gr.
336 Nicolaus Gregorii de Cothbos s. l. gr. 1485 b.
337 Bonifacius Johannis Stan de Vylhemberg s. l. gr.
340 Nicolaus Pauli de Gyrrlicz s. 3 l. 1486 a.
343 Johannes Nicolai Bryknar de Gorlycz s. 4 gr. 1486 b.
343 Caspar Casparis de Myshna s. 2 l.
344 Johannes Andreo de Frankfordia Lubensis dioc. s.
    4 gr. 1487 a.
345 Erasmus Johannis de Mischna d. 2 l.
345 Mathias Thome de Lawbin Mimensis dioce. d. 4 gr.
350 Hermannus Joachim de Zoldwedel Werdensis diocrs.
    d. 4 gr. et 6 d. 1487 b.
351 Nicolaus Johannis Pakyebus de antiqua marchia
    d. 4 gr.
351 Bartholdus Hermanni de Hyldensxym d. 2 gr.
353 Johannes Pauli de Drossen dioc. Lubucensis d. t.
    alias 5 l. gr.
353 Arnoldus Clementis de Steyndal dioc. Halberstadensis
    d. 2 l.
    Lodvicus Valentini de Berlin dioc. Braudenburg. d. 5 l.
353 Johannes Nicolai de Rapyn dioc. Howelbergensis
    d. 5 l.
353 Johannes Johannis de Gyericz dioc. Howelberg. d. 2 l. gr.
355 Johannes Nicolai de Meydenbork s. 2 l. 1488 a.
    Michael Petri do Vinsterbalde s. l.
360 Nicolaus Johannis Fogler de maiori Glogovia bacca-
    larius Lipczensis s. t. 1488 b.
364 Melchior Georgii de regio ponte 2 l. 1489 a.
364 Johannes Johannis do Drossen medium s.
364 Johannes Johannis Pyl de Arnewalde s. t.
364 Cristianus Thomo de Greyfenhagen soluit medium.
365 Laurencius Gregorii de regio ponte s. t.
370 Michael Johannis de Madeburg s. 2 l. 1489 b.
371 Thomas Conradi do Byrna s. 2 l. 1490 a.
    Gregorius Jacobi de Byrna s. 2 l.
    Johannes Martini de Byrna s. 2 gr.
372 Melchior Martini de Garlicz s. 4 gr.

373 Nicolaus Mathie de Garlicz s. 4 gr.

375 Caspar Johannis Hoffeman de Zythavia s. t. XXI. Nov. 1490 b.
Paulus Laurentii Enthmer de Lauben dioc. Missuensis s. 4 gr. XI. Dec.
Martinus Gabrielis Wach de Gyerlicz s. t. XIX. Dec.
Philippus Donati de Sanobaldo dioc. Misnausis s. 3 gr. XVI. Marcii.

376 Johannes Johannis de Zythavia dioc. Pragensis d. 6 gr. XXV. April 1491 a.

377 Johannes Johannis de Zommerafelth dioc. Mysz-uensis d. 4 gr. XIX. Maij.

378 Georgius Petri Pylar de Wayda diocra. Cicensis d. 3 latos. XXVI. Spt.
Ambrosius Georgii de Juterbok dioc. Bamboriensis (?) d. 4 gr. XXVI. Spt.

378 Petrus Nicolai Gayer de Czwycavia dioc. Cicensis s. t.

378 Gregorius Bartholomei de Czwykavia dioc. Cicensis s. t. XXVIII. Spt.

381 Laurencius Johannis de Prebis dioc. Misuensis 7. m. Maij 4 gr. s. 1492 a.

382 Bartholomeus Georgii de Bucholz dioc. Misnens. 3 gr. s.
Albinus Johannis Colo dioc. Misuens. 2 gr. s.
Apicius Mathie de Lucko dioc. Misnens. 2 gr. s.
Johannes Johannis de Boben dioc. Misuens. 2 gr. s.
Martinus Petri Slay [1]) dioc. Misnens. s. t.

383 Ambrosius Dionisii de Juderbok dioc. Bramburgens. s. t.
Andreas Nicolai de Slaycz dioc. Misnen. s. t.
Osvaldus Johannis de Kemnicz dioc. Misnen. 2 gr. s.
Johannes Jacobi de Calo dioc. Misuen. 3 gr. s.

384 Johannes Donati de Franxfordia dioc. Lubucens. 3 gr. s.

384 Gerhardus Gerhardi de Lipsk dioc. Misnen. 4 gr. s.

1) Wol de St.

385 Leonardus Leonardi Scheling de Beya Meraburg.
dioc. 2 gr. s.

388 Conradus Henrici de Goslaria diocs. Hilisinen. a. t.
1493 a.

Gregorius Jobannis de sex ciritatibus dioi. Misnens.
a. t.

390 Cristoforus Valentini de Kuthwycz dioces. Misnensis
arcium liberallum baccal. Colonie promotus nostre
universitati incorporatus a. t.

391 Ambrosius Georgii de Herczberg dioc. Mysnen.
s. 2 gr.
Johannes Ulrici de Dreben dioc. Misznensis s. t.

392 Johannes Nicolai de Avrbach dioc. Newmburgens.
s. t.

393 Johannes Gabrielis de Prascfordia dioc. Lubinensis (?)
a. t.
Martinus Georgii de Spremberg dioc. Mischuensis s.
3 gr. 1493 b.
Johannes Petri de Spramberg dioc. Mischnensis
s. 3 gr.

394 Sebastianus Johannis de Zemftemberg dioc. Misn.
s. t.

395 Hermannus Joachimi de Zaltwedel dioc. Pherdensis
s. t.
Theodoricus Henrici de Zaltwedel dioc. Pherdensis
s. t.

395 Henricus Ebelli de Tangiresmendasz dioc. Helber-
stedensis s. t.
Baltiser Gulli de Dolcz dioc. Bamburiensis s. t.
Johannes Andree de Frangphordia dioc. Lubucensis
s. t.

396 Valentinus Valentini de Spando dioc. Bramburiensis
s. t.

396 Mathias Georgii de Lucaw dioc. Misnens. a. t.

397 Donatus Nicolai de Dipoldesvaldis dioc. Misnens.
s. 3 gr. 1494 a.
Osswaldus Viti de Alterlen dioc. Ceycensis s. t.

398 Johannes Verneri de Prenslavia dioc. Cominensis et
baccal. universitatis Graypeswelensis s. t.

399 Laurentius Nicolai de Jauben dioc. Missnensis s. t.

400 Jacobus Nicolai de Hayerswerdisch dioc. Missnensis
s. 2 gr.
Petrus Petri de Osznicz dioc. Cicensis s. t.
Valentinus Jacobi de Kamencz dioc. Missnensis s. t.
Johannes Johannis de Kamencz dioc. einsdem s. t.

401 Mathias Jacobi de Zukovia s. 2 gr. 1494 b.

402 Paulus Lodwici de Garlycze s. 2 gr.
Mathias Jacobi de Dodisain s. t.

404 Georgius Jacobi de Finsterwaldis nichil. 1495 a.

406 Brik Henrici Missnensis totum.
Martinus Conradi de Pyrna 5.

407 Petrus Johannis de Gorlycz t.
Martinus Martini de Barlyn 2.

410 Johannes Phillpi de Quolbus t. 1496 a.
Gregorius Jacobi de Quolbus t.
Johannes Jacobi de Quolbus t.

412 Martinus Martini de Colhbus 13. Maii 2 gr. 1497 a.
Nicolaus Johannis de Perleberk 2 ½.

416 Martinus Bernhardi de Budessen Missnen dioces.
1498 a.
Hieronimus Mathei de Cuikavia Neuburgen. dioc.
Ciriacus Vlrici de Grim Marsburgen. dioc. 4.
Johannes Michaelis de Rottenberg Missnensis dioc.
9 gr.

418 Johannes Laurencii de Lypczyk t.

421 Johannes Petri de Derreyth baccal. Lypcensis t.
1498 h.

427 Ambrosius Martiui de Vikerczbayen Missner s. tot.
1499 a.

429 Johannes Paull de Czwycowia Nalnbariensis 3.
Sigiamundus Baltizar de Naydeber Luzacensis 4.

430 Leonardus Petri de Gerlicza 4.

431 Michael Michaelis de Zythavya dioc. Pragena. 4 gr.
1499 b.

Johannes Cristoferi de Zythavija a. t.
Martinus Thomae de Zythavija a. t.
434 Georgius Petri de Bawdzaszin 3 gr.
437 Andreas Gregorii de Lavben 5. 1500 a.
Andreas Johannis de Gabin 5 s.
438 Cristofforus Henrici de Cawikavia t. s.
439 Martinus Johannis de Gerlicz a. t.
Andreas Johannis de Spandow } per } quinque } solverunt
Simon Nicolai de Spandow } } quinque }
Deo-dictus Bartholomei de Spandow } } quinque }
451 Donatus Jacobi de Dipobliswaldis 4 gr. s.
Johannes Jobannis de Wippera t. a.
454 Lucas Bartholomaei de Bodeyszen 4 gr. s.
Johannes de Zyttavia Michael d. 6 gr.
456 Thomas Johannis de Dudeszyn.
460 Mathias Johannis de Gerlycza s. 4 gr. 1500 b.
Valentinus Jacobi de Gerlycza a.
461 Johannes Mathie de Guben s. 4 gr. 1501 a.
463 Andreas Petri de Ortbrand s. 4 gr.
465 Johannes Kycfaler de Czaycz s. 4 gr.
469 Andreas Joannis de Gerlicz dioc. Stolpen. 26. April.
2 gr. 1501 b.
Dominicus Jacobi de Lugkaw dioc. Stolpen. 28 April.
3 gr.
471 Petrus Jacobi Szpando 2 gr. a. 1502 a.
Casper Casperi de Berlyn 2 gr. a.
474 Amatus Thilemdim (?) de Stendelia 2 gr. s.
479 Petrus Johannis de Budyschyn a. 4 gr. 1502 b.
Simon Johannis de Gaben s. t.
481 Jacobus Petri de Gaben s. 4 gr.
482 Volgandus Wolgandi de Grunnycz s. 4 gr. 1503 a.
Johannes Johannis de Gerlicz s. 4 gr.
Wolkandus Nicolaus de Czwylovia s. t.
Johannes Georgii de Adorf s. t.
Nicolaus Johannis de Cykavia s. 2 gr.
483 Lucas Johannis de Gemnicz a. 4 gr.
Vrbanus Bernardi de Gyerlicz a. t.

484 Benedictus Burchardi de Mogien s. 2 gr.
Stanislaus Johannis de Gorlicz s. 3 gr.
Simon Michaelis de Guben s. 4 gr.
486 Georgius Johannis de Gerlicz s. 2 gr.
Franciscus Johannis de Gerlicz s. 4 gr.
491 Valentinus Nicolai de Gerlycz 4 gr. 1504 a.
493 Georgius Bartholomei de Gorlicz 4 gr.
496 Anthonius Anthonii de Lokaw d. t.
500 Petrus Donati Hartik de Jvtorhog dioc. Missnens.
   27. Oct. 3 gr. 1505 b.
508 Michael Andree de Myszna s. l. 1506 a.
508 Gregorius Petri de Spremberk s. 3 gr.
511 Valentinus Tiburtii de Kyemnicz s. 3 gr.
   Johannes Benedicti de Kyennicz s. 3 gr.
512 Balthazar Jacobi de Zithawia s. 3 gr. 1506 b.
514 Hernardus Georgii de Szelemberg s. 5 gr.
   Johannes Andree de Sprembeck s. 2 gr
516 Jeronimus Johannis de Kothpusz s. 3 gr. 1507 a.
   Simon Mathie de Kothpusz s. 3 gr.
   Thomas Georgii de Kothpusz s. 3 gr.
523 Martinus Mathei de Hains dioc. Misznensis 19. Jan.
   3 gr. 1507 a.

   h. Die deutsch-österreichischen Länder.

 24 a. Nicolaus Ko(r)ssel de Claussenbnrk bacc. in artibus
   universitatis Vienne promisit 1406.
 44 b. Cristannus de Wyenna dedit 7 gr. 1419 a.
 76 Johannes Lebegerne de Crosna arciom baccal. studii
   Wyennens. dedit 6 gr. 1427 b.
158 Georgius de Vienna Ferperge (o. Serperge) Materni
   d 1 gr. 1447 b.
165 Ludovicus Hoym de Rotenberga bacc. arciom universitatis Viennensis. 1448 b.
180 Caspar Senaldi de Leutscha t. soluit bacc. in artibus
   Viennens. 1453 a.
185 Frater Cristianus Herpranner conventus Wiennensis
   ord. praedicat. totum. 1454 b.

185 Frater Michael ab Oriente conventus et ordinis
eiusdem.

226 Leonardus de Wels 3 gr. dedit. 1463 a.

228 Anthonius Johannis de Varj bacc. Wyennensis
4 gr. d.

252 Albertus Bartholomei de Wienna totum. 1468 b.

261 Thomas Stephani de Waradino bacc. Wiennensis
d. l. 1470 a.

264 Sebastianus Leonardi de Hallis de valle Eni 2 gr.
1471 a.

288 Fredericus Johannis de Mulhuszen d. 4 gr. 1476 a.

293 Audreas Raphaelis de Carinthia d. 2 gr. 1477 a.

304 Jacobus Stephani de Drunna studens Viennensis
a. 8 gr. 1479 b.

308 Johannes Henrici de Sterczinger (?) diocesis Buri-n-
sis (?) 2 gr. a. 1480 b.

309 Paulus Henel de Kremnicia sacerdos arcium magister universitatis Viennensis pro deo totum soluit.

316 Urbanus Galli de Zaskczij baccalarius Wiennensis
a. 3 l. 1483 a.

319 Gregorius Nicolai de Leoben a. 2 l.

326 Antbonius Johannis de Zegezd bacc. Vyenensis a.
4 gr. 1484 a.

327 Andreas Gregorii baccalaureus Vyenensis de Semuye
soluit totum.

328 Andreas Vilhelmi de Egenburga a. 2 latos.
Volfgangus Georgii de Egenburga a. 2 latos.

329 Johannes Nicolai de Claneburga baccalareus Viennensis a. l. 1484 b.

332 Wolfgangus Johannis de Wihenna a. 3 l. gr. 1485 a.

332 Leonardus Michaelis de Eus a. 3 gr. cum ternario.

333 Johannes bacc. Viennensis Martini de Septem castris
a. 3 latos.

337 Henrichus Herardi de Bryxina soluit quatuor gr.
1485 b.

Petrus Wolfgangi de Althisi a. 4 gr.

337 Egidius Johannis de Kremps a. d. l.

338 Georgius Georgii de Zalczburga s. 4 gr. 1486 a.
342 Johannes Henrici de Dyernstan s. 2 L 1486 b.
350 Bartholomeus Volffgangi de Weydhoffen Pataviens.
d. d. 4 gr. 1487 b.
Lucas Petri de Gracz diocesis Salisburgensis d.
3 L gr.
375 Johannes Vanceslai de Olomuncz baccal. Viennens.
dioc. Olomunczansis s. t. III. Febr. 1490 b.
Hemericus Sebastiani de Jaurino baccal. Viennens.
dioc. Javrinens. a t. III. Febr.
376 Benedictus Conradi Neupauer de Laybnijcz dioc.
Socoviensis magister artium universitatis Ingulstatensis prius baccal. Wienensis s. t. XXVIII. Apr.
1491 a.
377 Johannes Stephani Dyndusch de Iglavia baccalareus
Viennensis dioc. Olomuncens. d. 5 gr. XIV. [Mai.]
379 Johannes Johannis de Lincz s. 4 gr. 1491 b.
385 Leonardus Johannis Meyersz de Velkerch Curens.
dioc. 2 gr. s. 1492 a.
380 Virgilius Petri de Lewbna dioc. Salczpurgens. s. t.
1493 a.
369 Johannes Venceslai de Wratislavia arcium liberalium
baccalareus Vigenne promotus nostre universitati incorporatus s. t.
389 Georgius Mathei de Inchin dioc. Brixinens. s. t.
390 Cristoforus Cristofori de Brunna arcium liberalium
baccalareus Vigenne promotus nostre universitati incorporatus s. t.
392 Petrus Johannis Harthmuller Tröc (?) Salzburgens.
dioc. s. t.
396 Gregorius Authonii de Phyath Vihennensis baccalareus dioc. Vesprimiensis s. t. 1493 b.
399 Georgius Vitpoldi de Sungraben dioc. Pathawiensis
s. 3 gr. 1494. a.
406 Jodocus Johannis Maior de Felkyrchen 3 gr.
1495 a.
411 Osswadus (I) Georgii de Swathcz 3 gr. 1496 a.

412 Meynardus Petri de Hainbork 3 gr. 1497 a.
415 Martinus Arnoldi de Aggere S. Martini Salczhurgensis 4 gr. 1498 a.
416 Andreas Mathie de Robacz Aquileiensis dioc. 3 gr
418 Johannes Georgii de Bathhofen Pataviensis 3.
424 Johannes Ergoth de Zalczburga totum. 1498 b.
  Sigismundus Volfgangi de Lyncz 3 gr. e.
426 Volfgangus Johannis de Lah Pataviensis 4 gr 1499 a.
429 Georgius Martini Funa de Bodmantorff Lavacensis (!) 4.
437 Stephanus Wolffgani Aczynge de s. Ipolyto 5 gr.
  a. 1500 a.
  Andreas Wolffgani Textoris de Laubnycz 4 s.
440 Mat. Georgii de Aurolzmynster 4 s. 1500 a.
451 Cristoforus Udalrici de Pruk 6 gr. s.
  Johannes Heberardi de Horno t. s.
452 Franciscus baccalareus Wyenensis Gregorij de Pesth
  t. a.
462 Wolfgangus Joannis de Yglawya baccalareus Wygennensis 4 gr. 1501 a.
471 Cristoferus Osswaldi de Austria 4 gr. a. 1502 a.
471 Thomas Thome de Korona bacc. Vigenensis t. s.
  Wolgangus Petri de Czwethle 4 gr s.
478 Andreas Mathie de Kobylino bacc. Wienensis t. a.
  Stephanus Johannis de Karinthia 3 gr. a.
474 Cristofferus de Cremnicia waccalareus Wiennensis
  Simoni 6 gr. a.
478 Sebastianus Stephani de Bregancia 6 gr.
483 Clemens Caspari de Gracz a. 8. 1503 a.
483 Daniel Johannis de Gracz s. 3 gr.
  Laurencius Johannis de Marborg s. 3 gr.
  Mathias Gregorii de Merborg a. 3 gr.
484 Vitus Stephani de Jps s. 3 gr.
  Wolkandus Conradi de Lyncz s. 2 gr.
485 Stefanus Michaelis de Czveitel d. 4 gr.
488 Ulricus Joannis de Faldkirich s. 4 gr. 1503 b.
490 Henricus Joannis de Vyenna 4 gr.
492 Sigismundus Volfgangi de Stira 4 gr. 1504 a.

7*

496 Sigismundus Nicolai de Czwedel s. 5 gr.
Volfgangus Volfgangi de Stiria s. 5 gr.
502 Georgius Nicolai de Zeyt msteten 2 gr. 1505 a.
504 Georgius Stephani de Lyncz 2 gr.
506 Joannes Saako Kleyn de Pest bacc. Viennensis dioc.
Strigoni-nsis 26. Marcii 4 gr. 1505 b.
508 Urbanns Wolfgangi de Meyszaw s. 3 gr. 1506 a.
508 Joannes Andree de Vaydra s. 3 gr.
Martinus Joannis de Kremsz.
508 Joannes Erhardi de Czwedly s. 2 gr.
509 Petrus Thome de s. Ipolyto s. 2 gr.
511 Joannes Alberti ⎫   s. 6 gr.
    Silvester Ulrici ⎬ de Felthkyrch ¹) s. 6 gr.
    Joannes Henrici ⎭   s. 6 gr.
512 Wolfgangus Jeronimi de Kremsz s. 2 gr. 1506 b.
513 Joannes Georgii de Czwethel s. 3 gr.
516 Wolffgangus Leonardi de Czwelth (1) s. 3 gr. 1507 a.
519 Michaßl Wolfgandi de Gracz s. 3 gr.
520 Georgius Johannis de Wathhoven a. 2 gr.
522 Volfgangus Thome Australis de Egenburga dioc.
Salczburgen. 26. Oct. 4 gr. 1507 b.

1. Die romanischen Länder.

150 Peter Paul nacione Romanus tempore intitulationis
nichil dedit, sed ad pingviorem fortunam sibi terminum prorogari pro nichil dando petit. 1445 b.
151 An der Spitze des J.: Magister Marcus Bonifilij precentor Barulensis sacre theologie professor de Cathalonia, domini regis Aragonum de villa Castillionis
dioc. Gerundensis. 1446 a.
171 Grimaldus de Bonis Filiis de Ankona quondam Petri
Pauli de Comittibus s. t. 1450 b.
199 Johannes Wenceslai de nowa civitate bacc. Parysien.
3 gr. 1457 b.

1) Vor: de F. dieselbe Hand: 130 milliaribus a Cracovia.

219 Albertus Alberti de Surkow magister Parisiensis
1461 a.
254 Jacobus Publitius civis Florentinus doctoris Jacobi
filius. 1469 a.
268 Philippus Calimacus de Thedaldis poeta de Florencia d.t. 1472 a.
349 Michael Bartholomei de Leopoli s. 4 gr. [Links
später: Bononiensis doctor in medicina]. 1486 b.
374 Petrus Egidii Kucz (l) de Cerneaia Italie a. 4 gr. V.
Novembris 1490 b.
506 Constancius Clariti de Cancollariis Bononiensis 19. April.
a. t. 1505 b.

k. Scandinavien.

43 b. Laurentius de Wpsalia d.t. totum gross. 1418—19.
70 a. Nicolaus Bartoldi de Upsalia d.t. 6 gr. 1425.
Ericus de Upsalia d.t. 3 gr.
Nicolaus Richardi de Upsalia d.t. 3 gr.
Enarus de Upsalia d.t. 6 gr.
73 b. Dominus Nicolaus Michael canonicus Upsaliensis
d.t. (Der Rand weggeschnitten.) 1426.
130 Magister Olavus de Upsalia. (Unter den Magistern.)
386 Raphael Philippi de Swecia civitate Habo quatuor
gr. a. 1492 b.

l. Schottland.

252 Thomas Roberth de Scotia baccalareus Colnoniensis
a. l. 1468 b.

m. Orte, deren Lage oder Deutung zweifelhaft ist.

16 b. Michael filius Hort de Ottel d. 6 gr. 1401.
18 a. Nicolaus Hanlini de Bruntal d. 4 gr. 1403.
21 b. Cunradus Piscatoris de Forphpheyn. 1405.
22 a. Cunradus Lodewyczy de Lympurg.
41 b. Petrus Smokenwelder de Aldenstein d. 3 gr. 1417.
42 b. Andreas Schonwalder de Menarskdorff d. 2 gr.
1418.

48 Johannes Georgii de Elvang. 1420 a.

68 b. Johannes Seffrdi de Butenndorff 4 gr. 1424 b.

94 Johannes Johannis de Hohemberg. 1431 a.

96 Nicolaus Petri Molendinatoris de Nebersdorff d. t. 1433 a.

Martinus Petri Molendinatoris de Nebersdorff d. t.

110 Nicolaus Johannis de Rorbacht 2 gr. 1436 a.

112 Fr. Ulricus de Vildeshozen baccalareus formatus s. 1436 b.

118 Johannes Gerardi Ruberster de Lubyck \ sol. totum.
Petrus frater suus germanus ∫ 1438 a.

155 Zygandus filius Liberi de Augusta. 1447 a.

165 Lodovicus Hoym de Rot uberga bacc. arcium univers. Viannensis. 1448 b.

172 Georgius Karolij de Wegensdorf 4 gr. 1450 b.

177 Waltherus Meyr de Rotenburga 4 gr. 1452 a.
Johannes Bull de Rotenburga 4 gr.

184 Conradus Berknar Herczogaurath t. d. 1454 b.

207 Stephanus Thome de Sand 2 gr. 1459 a.

221 Johannes Marci de Francordia 9 gr. 1462 a.

236 Bartholomeus Rocholetz de Frankwordia 4 gr. d. cum quadr. 1464 b.

239 Georgius de Malnburk filius Erhardi comitis de Mainburgk t. 1465 b.

246 Franciscus Johannis Wolf de Rotember 9 gr. 1467 a

247 Petrus Nicolai sculteli de Frankfordia baccalareus d. 9 gr.

261 Anthonius Petri de Pretin bacc. Leypplcrnsis d. t. 1470 a.
Bartholomeus Petri de Wormuloch d. 9 gr.
Johannes Petri de Wormuloch d. 9 gr.
Johannes Bartholomaei de Probestdorff d. t.

262 Gregorius Petri de Frankfordia d. 4 gr. 1470 b.

266 Laurencius Clemen is de Frankfordia 1 gr. 1471 a.

272 Blasius Symonis de Schelenburch a. t. 1473 a.

272 Laurencius Nicolai de Frankfordia a. 2 gr.
Gregorius Nicolai de Frankfordya d. 2 gr.

273 Albertus Adc de Frankfordya L 2 gr.
275 Michael Henrici de Frankfordie s. 5 gr. 1473 b.
276 Vincentins Franciaci de Hameroden d. 3 gr. 1474 a.
287 Valentinns Petri Beschow de Zenslerberg d. t. 1476 a.
Anthonins Andrce de Martbcadorf d. 4 gr.
293 Johannes Lener de Rathemberg a. 4 gr. 1477 a.
Johannes Valentini de Czithnyk d. ⎫
Cristianus Thome de Czithnik d. ⎭ 3 gr.
302 Vrbanus Petri Hondirtnan de Francfordia baccal.
Rostokcencis 1479 a
311 Johannes Conradi de Baden 4 gr. 1481 b.
Michael Gabrielis Halbphaff de Drozendorff 2 L gr.
313 Georgius Petri de Frankfordia a. 4 L gr. 1482 a.
315 Thomas Mathie de Frangfordia s. 2 L gr. 1482 b.
Bartholomacus Georgii de Frankfordia s. 2 L
316 Valentinns Petri de Frankfordia s. 4 gr. 1483 a.
319 Johannes Oddrici de Drazendorff a. 4 gr.
Petrus Celestini de Darlin s. L.
325 Caspar Couradi de Habenberga s. g. latnm. 1484 a.
327 Gallns Johannis de Vttingnm (l) s. 2 L gr.
330 Paulns Donati de Lichtmo s. 2 L gr. 1484 b.
832 Lucas Johannis de Herczberg s. 2 L gr. 1485 a.
Michael Johannis de Margyburg s. 3 l. gr.
Jeronimns Nicolai de Margyburg s. 3 L gr.
Johannes Leonardi de Pffarkyrgen s. 2 gr.
Johannes Nicolai de Hadborgk s. 1 L gr.
334 Blasins Georgii de Acht s. 2 l. gr.
340 Andreas Nicolai de Mariensteyn s. 4 gr. 1486 a.
346 Johannes Andree dn Rafolzbach Pataviensis diocesis
d. 2 l. 1487 a.
350 Nicolaus Conradi de Bowtav diocesis Camenansis (?)
d. 4 gr. 1487 b.
353 Johannes Johannis de Gyericz dioc. Howelbergensis
d. 2 l. gr.
354 Rodbertns Thome de Hedl t. s. 1488 a.
356 Petrus Borchardi de Elgenstal s. L
364 Simon Nicolai de Frankvorth medium s. 1489 a.

366 Sebastianus Johannis de Frankfordia s. 4 l. 1489 b.

372 Martinus Johannis de Valstetten s. 4 gr. 1490 a.
Myelchier Hylabrandi de Fallcsia (?) s. 4 gr.
Martinus Mathie Kune de Neytweydeu s. 4 gr.
Johannes Johannis de Trunchburg s. 2 gr. et 6
denarios.

375 Nicolaus Nicolai Hertel de Curia s. 4 gr. 1. Decembris 1490 b.
Herhardus Conradi Heffner de Sulczbach s. 2 gr. l.

377 Johannes Johannis Piscatoris de Hoschpach dioc.
Pathaviensis d. 3 gr. XVII. Junii 1491 a.

379 Nicolaus de Melzunen a. 4 gr. 1491 b.
Petrus Petri de Schinichen s. 4 gr.
Paulus Simonis de Wiilserczausen s. 4 gr.

381 Caspar Johannis de Crautem s. l. 1492 a.

385 Jeronimus Johannis de Volnach dioc. Constanciensis
3 gr. s.

388 Nicolaus Johannis de Olsteth l. a. 1492 b.

392 Philipus Andree de Toronia dioc. Lobaniensis
s. 4 gr. 1493 a.
Conradus Erhardi Mair Wnlmanspergk (?) Kyst-
tensis (?) (dioc.) s. l. 1493 a.
Johannes Alberti Olangk s. l.
Leonardus Johannis Fugsman de Fugstehii (?) dioc.
Palaviensis.

395 Nicolaus Hermanni de Auerbach dioc. Bamboriensis
s. 4 gr. 1493 b.

396 Johannes Hulrici de Vestendorw dioc. Constanciens.
s. l.
Andreas Nicolai de Monte nivis dioc. Lauibergensis
s l

398 Vitus Vilhelmi de Hereczburga dioc. Palaviensis s. l.
1494 a.

399 Stephanus Folwgani (?) de Mistelbach dioc. Pathawiensis s. l.

401 Petrus Hermanni de Hernubrith s. 3 gr. 1494 b.

402 Conradus Johannis de Crays's s. l.

402 Andreas Johannis de Creysen d. t.
402 Johannes Johannis de Rotenkyerben a. t.
Nicolaus Johannis de Ildenar a. t.
Mathias Nicolai de Bangenborg a. t.
406 Wolffkangus de Herczogburg 5. 1495 a.
Alexius Pauli de Herczamburg t.
410 Blasius Baltazaris de Frankfordia t. 1496 a.
Urbanus Stephani de Frankfordia t.
Cristoforus Alexii de Frankfordia t.
411 Johannes Benedicti de Hamberga 1 gr.
Jacobus Johannis de Damberga 1 gr.
Johannes Johannis de Frankfordia 7. Maji 1497 a.
412 Oswaldus Johannis de Vipera t. 1497 a.
413 Johannes Martini de Namberk dt. 4 gr. 1497 b.
414 Henricus Johannis de Leytemborg a. 4 gr.
Nicolaus Petri de Leytemborg d. 4 gr.
416 Johannes Stephani de Graen Patav. disc. 3 gr. 1498 a.
418 Johannes Vitti de Gorez Pataviensis 3.
419 Durkhardus Jodoci de Runbergk Neuborgen. 3.
Vittus Stephani de Lab Pataviensis 4.
421 Michael Georgii de Arnycstasth (D 4 gr. 1498 b.
423 Nicolaus Johannis de Slecz.
426 Mathias Arnoldi de Leggendorff 4. 1499 a
427 Stefanus Vandelini de Borkaw tra.
434 Georgius Johannis de Wyendeschein 8 a. 1499 b.
Magnus Conradi Sixti de Baubentesthein 4 gr.
Martinus Pimli (?) de Sorchen 2 gr.
Johannes Conradi de Haslach 3 gr.
436 Michael Pauli de Droszendorf 3 gr. a. 1500 a.
437 Cristoforus Nicolai de Petreador 4 gr. a.
438 Wolffgang Matthie Drescher de Holerlige (oder Holerlicze) 4 gr. a.
439 Rupertus Georgii de Wyldan t. a.
440 Udalricus Georgii de Weting 4 gr. a.
451 Andreas Viti de S. Vito 2 gr. g.
Georgius Laurencii }
Johannes Johannis } de Babenhanen t. a.

453 Joannes Michaelis de Barscheyn 4 gr.
Caspar Joannis Schalnastorff.
Georgius Joannis de Pertholtzhausen . 3 gr d.
455 Jacobus Silvestri de Meybrich 3 gr.
Gunterus Philippi de Wbegaw d. L
Mathias Nichaelis de Crawp d. t
Gregorius Nicolai de Moicheberg 2 gr.
457 Petrus Laurencii Leopat de Pabenhen s. 4 gr.
1500 b.
458 Petrus Georgii de Francordia s. 3 gr.
463 Laurenclus Joannis de Frankfordia s. 2 gr. 1501 a.
464 Martinus Martini de Teslyn s. 4 gr.
Petrus Joannis de Elemberk s. t.
474 Henricus Johannis de Starbom 2 gr. s. 1502 a.
Werherus Henrici de Breugarten 2 a.
Johannes Wernberi de Brengarten 2 s.
Ulricus Ulrici de Breugarten 2 s.
475 Stephanus Luce de Frangfordia 4 gr. 1502 a.
476 Martinus Frederici de Halbrunna 4 gr. s.
477 Jacobus Conradi de Alstelhen s. 3 gr.
Conradus Ludolphi de Rinthlenth s. t
479 Lucas Andree de Bothek s. 4 gr. 1502 b
482 Johannes Udelryci de Felkach s. 4 gr. 1503 a.
Andreas Luce de Dresen a. 3 gr.
483 Johannes Mathei de Rapiapallo a. 4 gr.
Henricus Henrici de Prangart s. 2 gr.
Mathias Stephani de Schawypyx s. 2 gr.
Johannes Walkangi de Lycaw s. 3 gr.
Jacobus Bernardi de Liczaw s. 2 gr.
484 Andreas Georgii de Richu(ma oder nia) a. 4 gr.
Jacobus Sigismdi (1) de Homersdorf a. 4 gr.
Andreas Symonis de Stirckfordia a. 4 gr.
485 Petrus Jeronimi de Vincz d. 4 gr.
486 Bartholomeus Johannis de Vynczen s. 4 gr.
488 Jacobus Joaunis de Sabno (neben Feldkirch erwähnt,
vielleicht Säben) a. 2 gr. 1503 b.
Ginterus Frederici de Sorchen a. 4 gr.

490 Petros Ottonis de Herbfelth 3 gr.
491 Franciscus Pauli de Peringstrstarff (1) 2 gr. 1504 a.
Caspar Joannis de Geppingen 2 gr.
Joannes Viperti de Weibstaw 2 gr.
Joannes Anthonii de Aspar 2 gr.
492 Joannes Jacobi de Oderahem d. 2 gr.
492 Caspar Georgii   4 gr.
Anthonius Jacobi } Worinloch a. 4 gr.
Petrus Martini   4 gr.
Sixtus Volfgangi de S. Joanne 4 gr.
Jacobus Joannis de Francfordia 4 gr. 1504 a.
493 Andreas Joannis de Francfordia 4 gr.
496 Nicolaus Nicolai de Lomersdorff a. 5 gr.
499 Bartholomens Georgii de Arfordia O. (1) 1504 b.
500 Volfgangus Nicolai de Penczyk 2 gr.
501 Clemens Jacobi de Margk 2 gr. 1505 a.
Volfgangus Gabrielis de Kymardia 2 gr.
Burgardus Laurencii de Frankfordia 2 gr.
502 Johannes Johannis de Czelsdorff 3 gr.
505 Volfgangus Simonis de Badenburga (?) dioc. Daiden-
sis (?). 22. Oct. 2 gr. 1505 b.
506 Colomannus Georgii de Newburga foremi dioc. Pataviensis 10 Dec. 2 gr.
Joannes Joannis de Alstelen 3 gr.
508 Nicolaus Joannis de Volenczach a. 3 gr. 1506 a.
Thomas Nicolai de Wassertrylyn a. 2 gr. cum medio.
Melchior Joannis de Grewyn a. 3 gr.
509 Michael Vdalrici de Aurbach e. 3 gr.
Sebastianus Mathei de Hallis e. 3 gr.
Caspar Joannis de Fryburga e. 6 gr.
Laurencius Georgii de Strahel s. 3 gr.
510 Blasius Clementis de Kyszwerda a. 3 gr.
Anthonius Reberch Joannis de Henober a. 3 gr.
511 Andreas Joannis de Tribul a. 6 gr.
514 Petrus Georgii do Burberg e. 4 gr. 1506 b.
Andreas Benedicti de Valfon. e. 3 gr.
518 Lucas Johannis de Macken a. t. 1507 a.

519 Petrus Petri de Breythigen s. 3 gr.
    Thomas Mathie de Evolach s. 4 gr.
    Paulus Adalberti de Hernslai s. 2 gr.
    Conradus Johannis de Alstellyn a. 3 gr.
520 Thomas Petri de Tropheya s. 3 gr.
    Thomas Joannis de Hernstadt s.
    Grorgius Petri de Ryczenhawsen s. 3 gr.
    Bernardus Mathei de Wachdorf a. 3 gr.
523 Caspar Oszwaldi de Eysbrock a. 2 gr. 1507 b.
    Benedictus Johannis de Ewsbrog a. 2 gr.
    Johannes Henrici de Erelbach a. 4 gr.
    Andreas Johannis de Stawbyn.
    Bartholomaeus Erardi de Stawbyn.
524 Anthonius Petri de Pernyaz a. 2 gr. 1508 a.

www.ingramcontent.com/pod-product-compliance
Lightning Source LLC
Chambersburg PA
CBHW020802020726
47495CB00008B/2551